essentials

essentials liefern aktuelles Wissen in konzentrierter Form. Die Essenz dessen, worauf es als „State-of-the-Art" in der gegenwärtigen Fachdiskussion oder in der Praxis ankommt. *essentials* informieren schnell, unkompliziert und verständlich

- als Einführung in ein aktuelles Thema aus Ihrem Fachgebiet
- als Einstieg in ein für Sie noch unbekanntes Themenfeld
- als Einblick, um zum Thema mitreden zu können

Die Bücher in elektronischer und gedruckter Form bringen das Expertenwissen von Springer-Fachautoren kompakt zur Darstellung. Sie sind besonders für die Nutzung als eBook auf Tablet-PCs, eBook-Readern und Smartphones geeignet. *essentials:* Wissensbausteine aus den Wirtschafts-, Sozial- und Geisteswissenschaften, aus Technik und Naturwissenschaften sowie aus Medizin, Psychologie und Gesundheitsberufen. Von renommierten Autoren aller Springer-Verlagsmarken.

Weitere Bände in dieser Reihe http://www.springer.com/series/13088

Daniel Gerbaulet

Der Berufsstand des Maklers

Ein einführender Überblick

Dr. rer. pol. Daniel Gerbaulet
FernUniversität in Hagen
Hagen (Westf.), Deutschland

ISSN 2197-6708 ISSN 2197-6716 (electronic)
essentials
ISBN 978-3-658-18928-0 ISBN 978-3-658-18929-7 (eBook)
DOI 10.1007/978-3-658-18929-7

Die Deutsche Nationalbibliothek verzeichnet diese Publikation in der Deutschen Nationalbibliografie; detaillierte bibliografische Daten sind im Internet über http://dnb.d-nb.de abrufbar.

Springer Gabler

Gedruckt auf säurefreiem und chlorfrei gebleichtem Papier

Springer Gabler ist Teil von Springer Nature
Die eingetragene Gesellschaft ist Springer Fachmedien Wiesbaden GmbH
Die Anschrift der Gesellschaft ist: Abraham-Lincoln-Str. 46, 65189 Wiesbaden, Germany

Was Sie in diesem *essential* finden können

- Eine epochale Überschau der Geschichte des Maklerwesens, die auch zum Verständnis der heutigen Gesetzgebung und vieler aktueller Problemfelder beiträgt.
- Eine abgrenzende Analyse der verschiedenen Maklertypen (Handelsmakler, Zivilmakler etc.).
- Die zentralen Unterschiede einer Vermittlungs- und einer Nachweisleistung.
- Die rechtlichen Vorbedingungen der Maklertätigkeit in Deutschland und die damit bis dato zuweilen einhergehenden Missstände.
- Die verschiedenen Arten von Maklerverträgen und die Voraussetzungen, die einen Provisionsanspruch des Maklers begründen.

Inhaltsverzeichnis

1 Einleitung

Die Zusammenführung von Angebot und Nachfrage gilt seit jeher als unverzichtbares, gleichsam elementares Element eines funktionierenden Wirtschaftssystems. Der Makler als Intermediär bekleidet genau diese wichtige Schlüsselposition, weshalb ihm – bei seriöser und gewissenhafter Ausführung seines *Handwerks* – auch entsprechende Anerkennung zuteilwerden sollte. Warum dies zuweilen nicht der Fall ist und wie sich dies aus der Historie und den existierenden rechtlichen Rahmenbedingungen erklären lässt, soll unter anderem im Rahmen dieses *essentials* offengelegt werden. Das vorliegende Kurzkompendium bietet hierbei die Möglichkeit, sich über die wichtigsten Bausteine des Maklerwesens zu informieren und sich so einen allgemeinen Überblick über dieses zweifelsohne bedeutsame Berufsfeld zu verschaffen. Getreu dem Motto: *Man muss wissen, woher man kommt, damit man weiß, wohin man geht,* schafft dieses *essential* zunächst eine Grundlage für ein späteres besseres Verständnis und beginnt dazu mit der Analyse der Historie des Maklerwesens. Den Blick stets auf die jeweiligen epochalen Besonderheiten und Entwicklungen gerichtet, soll sich zum Ende des *essentials* nicht nur ein grundlegender Überblick über die Historie des Maklerwesens, sondern auch über die verschiedenen, häufig in Rede stehenden Maklertypen sowie über die rechtlichen Voraussetzungen zur Ausübung des Maklergewerbes in Deutschland ergeben haben. Überdies bietet das vorliegende *essential* dem Leser einen schnellen praktischen Zugang zu den verschiedenen Arten von Maklerverträgen und den zu erfüllenden Voraussetzungen, die einen Anspruch auf die Maklerprovision begründen.

D. Gerbaulet, *Der Berufsstand des Maklers*, essentials,
DOI 10.1007/978-3-658-18929-7_1

2 Der Makler

Das zweite Kapitel dieses *essentials* soll einen grundlegenden Einblick in das Maklerwesen und seine verschiedenen Ausprägungen gewähren. Neben einer Skizzierung der Geschichte des Maklers und der Erörterung der unterschiedlichen Maklertypen sollen auch die nötigen Vorbedingungen zur Aufnahme des Maklerberufs präsentiert werden.

2.1 Historie des Maklers und Entwicklung des Berufsfeldes

Wie bereits einleitend erwähnt, gilt die Zusammenführung von Angebot und Nachfrage seit jeher als wichtige Grundvoraussetzung funktionierenden Handels. Der Makler, der diese Aufgabe als Kern seiner Tätigkeit versteht, ist trotz alledem nicht selten Gegenstand von Kritik und gesellschaftlicher Geringschätzung. Zum besseren Verständnis der Arbeit eines Maklers, seiner rechtlichen Rahmenbedingungen sowie seiner gesellschaftlichen Stellung ist es unverzichtbar, die Wurzeln des Maklerwesens zu ergründen und dabei die verschiedenen Entwicklungsstufen dieses Berufsfeldes zu durchleuchten. Hierbei ist nicht zuletzt zu erforschen, welche Prozesse dazu führten, dass der Makler bis heute nicht das Ansehen genießt, das er bei seriöser und gewissenhafter Ausführung seines Berufs verdienen würde. Ebenso ist fraglich, wie es zu der für dieses komplexe Rechtsgebiet eher spärlichen Gesetzesauskleidung gekommen ist. Zu prüfen ist also, ob das Maklerrecht – heute größtenteils Richterrecht – bereits in der Vergangenheit durch einen Mangel an gesetzlichen Vorschriften gekennzeichnet war.

D. Gerbaulet, *Der Berufsstand des Maklers*, essentials,
DOI 10.1007/978-3-658-18929-7_2

2.1.1 Makler im Altertum

Erste Maklertätigkeiten werden bereits im Altertum vermutet. Die Anzahl historischer Quellen ist hier jedoch sehr gering. Es wird davon ausgegangen, dass zu dieser Zeit noch keine rechtliche Grundlage für den Beruf des Maklers bestand. Ansätze von Maklertätigkeiten, also die Zusammenführung von Angebot und Nachfrage insbesondere für ortsfremde Handeltreibende, sind jedoch bereits im antiken Griechenland zu finden. So gab es schon damals Personen, von den Griechen als *Proxenoi* bezeichnet, bei denen davon ausgegangen wird, Makler- beziehungsweise Mittlertätigkeiten vollzogen zu haben (Fröber 1997, S. 27 f.). Obschon mitunter bereits die Proxenoi als qualifizierte Makler dargestellt werden (Heymann 1926, S. 323), bleibt die Ausprägung dieser Dienste und vor allem ihr entgeltlicher Charakter fraglich (Fröber 1997, S. 28; Voß 1966, S. 16 f.).

Erst im römischen Recht, genauer gesagt im *corpus iuris civilis*[1], werden erste deutliche Ansätze einer gesetzlichen Regelung des Maklergewerbes sichtbar (Fröber 1997, S. 28; Voß 1966, S. 17). Nicht zuletzt ist dies durch den Umstand zu erklären, dass die Maklertätigkeit in dieser Zeit ein florierendes Gewerbe darstellte, das es in irgendeiner Form zu sichern und zu regeln galt (Fröber 1997, S. 29; Grünfeld 1904, S. 9 f.). Der Makler, damals bekannt als *proxeneta,* erhielt wie auch in heutiger Zeit einen Maklerlohn ähnlich der Provision, das sogenannte *proxeneticum* (Grünfeld 1904, S. 17). Der Provisionscharakter des proxeneticums ist insbesondere dadurch begründet, dass die Zahlung schon damals nur im Erfolgsfall, also bei Abschluss des vermittelten Geschäfts, zu tätigen war (Grünfeld 1904, S. 21; Heymann 1926, S. 324). Das Grundprinzip der Maklervergütung fand also bereits dort seinen Ursprung und ist im Kern über die Jahrtausende erhalten geblieben. Ebenso wie die Vergütung ähneln sich damalige und heutige gesellschaftliche Wahrnehmung des Maklerberufs. So galt das Maklergewerbe trotz seiner Relevanz für den Handel zuweilen als bedenklich und anstößig (Fröber 1997, S. 31; Grünfeld 1904, S. 10). Wie auch heute waren es einige schwarze Schafe, die schon damals den gesamten Berufszweig durch unehrenhaftes Verhalten in Misskredit brachten (Grünfeld 1904, S. 16 f.).

Im Hinblick auf die rechtlichen Rahmenbedingungen des Maklers im römischen Recht ist die vertragliche Eigenständigkeit des Maklervertrags augenfällig. Versuche einer rechtlichen Einordnung in die bekannten Vertragsgebilde von Dienstvertrag, Werkvertrag und Auftrag scheiterten in der Analyse aufgrund von

---

[1]Römisches Gesetzeswerk.

Inkonsistenzen. Der Maklervertrag wurde daher als atypischer Vertrag, als sogenannter Innominatvertrag, behandelt (Grünfeld 1904, S. 18; Heymann 1926, S. 324). Die bisweilen scharfen Abgrenzungen der Verträge untereinander sollen an dieser Stelle nicht vorgenommen werden. Nur kurz sei jedoch angeführt, dass die Einordnung des Maklervertrags zum Werkvertrag wegen einer nicht vorhandenen materiellen Herstellung und die Möglichkeit der Zuordnung zum Auftrag aufgrund dessen zwingender Unentgeltlichkeit scheiterten. Da der Dienstvertrag der damaligen Definition nach nur „Dienste niederer, mechanischer Art" (Grünfeld 1904, S. 18) als Vertragsgegenstand kannte, scheiterte auch diese Zuordnung (Grünfeld 1904, S. 18; Laband 1861, S. 4–11).

Insgesamt ist festzustellen, dass viele Charakteristika des Maklerwesens der heutigen Zeit bereits im römischen Recht ihre Wurzeln haben. Hier sind insbesondere die Regelungen der erfolgsabhängigen Provision als auch die Parallelen in der juristischen Behandlung des Maklers hervorzuheben. So war das Maklerrecht aufgrund seiner nicht umfassenden und nicht abschließenden Gesetzgebung größtenteils Magistratsrecht, was in Ansätzen mit dem heutigen Verständnis des Maklerrechts als Richterrecht zu vergleichen ist. Im Gegensatz zur heutigen Rechtsprechung war es zwar nicht möglich, Forderungen gerichtlich einzuklagen, allerdings konnte der Anspruch auf Zahlung des Maklerlohns in einem außerordentlichen Verfahren, der *extraordinaria cognitio,* geltend gemacht werden (Fröber 1997, S. 30 f.; Laband 1861, S. 7). In diesem Rahmen vermochte der Makler sodann seiner Lohnforderung gegenüber einem hohen Beamten, dem sogenannten Magistraten, Ausdruck zu verleihen, der sich daraufhin, ähnlich der Funktion eines Richters, der Entscheidung über den dem Makler zustehenden Lohn annahm.[2]

2.1.2 Makler im Mittelalter

Eine Analyse des Maklerwesens ist aufgrund lückenhafter historischer Belege erst wieder im fortgeschrittenen Mittelalter möglich. Zwischenzeitliche Maklertätigkeiten stehen zwar außer Frage, können jedoch wissenschaftlich nicht hinreichend untersucht und belegt werden, wofür sich nicht zuletzt die damalige Völkerwanderung als maßgeblich verantwortlich zeigt (Heymann 1926, S. 324).

[2]Durchaus differierend zur Entscheidungsfunktion und -kompetenz des Magistraten vgl. Fröber 1997, S. 31; Löden 1966, S. 30 f.; Heymann 1926, S. 324; Grünfeld 1904, S. 22 f.

Neben der Dokumentationsproblematik hatte die Völkerwanderung auch negative Auswirkungen auf die Entstehung einer qualifizierten Handelsstruktur. Der Geldverfall in der Spätantike tat sein Übriges, um den Handel in Westeuropa nahezu brachliegen zu lassen (Voß 1966, S. 18).

Da die Dienste eines Maklers jedoch größtenteils in Zeiten florierenden Handels zum Tragen kommen, sind ein geordnetes Maklerwesen und Maklerrecht erst wieder im 12. und 13. Jahrhundert zur Zeit des erstarkten südeuropäischen und hanseatischen Handels erkennbar (Heymann 1926, S. 324). Kaufleute bedienten sich der Dienste der Makler nun sehr häufig, da sie ortsfremden Handeltreibenden eine schnelle Zusammenführung von Angebot und Nachfrage ermöglichten, wobei sie nebenher Warenprüfungen durchführten, Preise verhandelten und so im Ganzen einen reibungslosen Ablauf garantierten (Laband 1861, S. 12). Schnell wurde dem Makler sogar eine amtliche Stellung zuteil. Interessanterweise wurde dies durch das pflicht- und sittenwidrige Verhalten Einzelner ausgelöst. Dem Leitbild eines ehrbaren Kaufmanns diametral entgegenstehend (Gerbaulet 2016, S. 50 ff.), wurden die ortsfremden Handeltreibenden, die auf die Hilfe von Maklern angewiesen waren, von diesen sehr häufig ausgebeutet; der Ruf nach einer amtlichen Regelung des Maklerberufs wurde lauter (Laband 1861, S. 13 f.; Leisau 1967, S. 3 f.). Darüber hinaus erforderte der sich intensivierende Handelsverkehr Kontrollinstanzen, die für den regelkonformen und flüssigen Ablauf Sorge tragen sollten. Als Konsequenz wurden Makler nun amtlich bestellt, und es kam zu einer Trennung zwischen dem amtlichen und dem privaten Makler; letzterer wurde anschließend häufig als *Pfuschmakler* tituliert. Dem Privatmakler waren fortan lediglich noch Tätigkeiten, die sich im Rahmen des Individual- und Familienlebens bewegten, erlaubt.[3] Während der Privatmakler durch Einführung dieser Trennung in den gesellschaftlichen Untergrund gedrängt und von seinem Wesen mehr und mehr der Halbwelt zugeschrieben wurde, gelangte der amtliche Makler zu hohem gesellschaftlichen Ansehen (Leisau 1967, S. 4).

Dem amtlichen Makler wurde neben der amtlichen Bestellung und Vereidigung auch das Vermittlungsmonopol zuteil. Vielerorts bestand sogar der Zwang zur Inanspruchnahme der Dienste von Maklern durch die Kaufleute. Den Privatmaklern wurde so gewissermaßen der Garaus gemacht, und es gelang lange Zeit, sie in den Hintergrund zu verdrängen. Die Aufgaben der amtlichen Makler, die fortan als Organisatoren des Handels fungierten, wuchsen in dieser Zeit stetig. Ihre Kernaufgabe, das unparteiische Vermitteln zwischen den am Handel

[3]Dazu und zur tiefschürfenden Aufarbeitung der Historie vgl. Axmann 2004, S. 23 ff.

beteiligten Personen, weitete sich schnell zu einer amtlich legitimierten Kontroll- und Aufsichtsfunktion aus. Der Makler wurde gleichsam zum *Handelspolizisten.* Um Überparteilichkeit zu gewährleisten, waren ihnen Kommissionshandel, Beteiligungen jedweder Art oder gar Eigenhandel streng untersagt. Zur weiteren Verdeutlichung der neutralen Position des Maklers war der Maklerlohn üblicherweise von beiden Parteien zu gleichen Teilen zu zahlen (Heymann 1926, S. 325).

2.1.3 Makler in der Neuzeit

Die im Mittelalter erfolgte Trennung in amtliche und private Makler sollte noch lange erhalten bleiben. Zunächst verstärkte sich sogar der amtliche Charakter ab dem 16. Jahrhundert im liberaleren Norden noch einmal deutlich, und auch die Monopolstellung des amtlichen Maklers wurde betont und untermauert. So wurde beispielsweise zur Wahrung und zur weiteren Stabilisierung des Monopols die Inanspruchnahme privater Makler unter schwere Strafe gestellt und derartig geschlossene Verträge mitunter für ungültig erklärt (Heymann 1926, S. 333 f.). All dieser Maßnahmen zum Trotz waren bereits erste Risse im Statut des amtlichen Maklers erkennbar, die allerdings erst im 19. Jahrhundert zu seiner Abschaffung führen sollten (Heymann 1926, S. 338 u. 340). Der Privatmakler gewann aufgrund seiner Ungebundenheit und seines schnelleren Adaptionsvermögens an die Begebenheiten der sich verändernden wirtschaftlichen Verhältnisse immer mehr an Popularität. Zwar agierte er noch immer im Schatten der Gesellschaft, doch wurden seine Dienste von den Handeltreibenden mehr und mehr in Anspruch genommen (Heymann 1926, S. 335). Der Handel im Mittelalter, der von den Kaufleuten an den Handelsplätzen persönlich abgewickelt wurde, wich mehr und mehr dem sogenannten Kommissionshandel. Die Kommissionäre, die auf eigene Rechnung Geschäfte schlossen, übernahmen so vielfach auch die Dienste der ortsansässigen Makler. Mit dem Aufkommen des Kapitalismus und der fortschreitenden Industrialisierung im 19. Jahrhundert änderten sich auch die Bedürfnisse an den Wirtschaftsverkehr.

Ebenfalls in dieser Zeit begann sich auch das Berufsfeld des Immobilienmaklers zu etablieren. Die durch die Industrialisierung und durch die Bauernbefreiung im 19. Jahrhundert bedingte einsetzende Landflucht sowie die Konzentration auf wirtschaftlich attraktive Ballungsräume brachten viele bis dato nicht gekannte Probleme mit sich. Vorherige Betätigungen im Bereich des Immobilienhandels waren lediglich rudimentärer Natur. Grundstücke befanden sich zumeist im Eigentum der Kirche oder der Landesherren und wurden nur selten verkauft (Voß 1966, S. 18; Wegener, Sailer und Raab 1997, Rn. 2). Ohnehin war der Markt für

Grundstücke und Immobilien sehr übersichtlich. Angebot und Nachfrage waren zumeist hinlänglich bekannt und Vermittlungstätigkeiten in diesem Bereich somit nahezu überflüssig (Voß 1966, S. 18). Mit zunehmender Nachfrage nach Wohnraum in Ballungsgebieten und mit wachsender Unübersichtlichkeit des Immobilienmarktes war den Diensten des Immobilienmaklers fortan ein ideales Betätigungsfeld geboten, was sich nicht zuletzt durch die zahlreichen Gründungen von Maklerunternehmen in dieser Zeit untermauern lässt (Axmann 2004, S. 40).

Sowohl der Handel an der Börse und der damit verbundene spekulative Charakter als auch die Fortschritte in der Informationstechnologie und die sich verstärkenden internationalen Verflechtungen erforderten neue Strukturen im Wirtschaftsleben. Dem amtlichen Makler wurde es aufgrund seines strengen Regelkorsetts nahezu unmöglich gemacht, den Ansprüchen der Kaufleute gerecht zu werden, und so nahmen die Kommissionäre, die in kürzester Zeit Entscheidungen treffen und Waren auf eigene Rechnung abnehmen konnten, immer mehr ihren Platz ein (Heymann 1926, S. 337). Es erscheint daher wenig verwunderlich, dass sich die amtlichen Makler infolge dieser Entwicklung immer weniger an ihre Regeln hielten und fortan auch ihnen untersagte Geschäfte tätigten; der Eigenhandel hielt so auch Einzug in die Berufssphäre des amtlichen Maklers (Heymann 1926, S. 338). Auch den Privatmaklern, oft als *Bönhasen* und *Pfuschmakler* verhöhnt, gelang es, sich von den bestehenden Vorurteilen in Ansätzen zu lösen und die amtlichen Makler durch bessere Kenntnisse, größeren Ehrgeiz und höhere Flexibilität auszustechen (Laband 1861, S. 45). Die damalige Monopolstellung der amtlichen Makler, zum Schutz vor Betrügern in Kraft gesetzt, drohte zu zerfallen. Hierfür maßgeblich verantwortlich war neben der besseren Berufsausübung der Privatmakler auch der im 19. Jahrhundert aufkommende Freiheitsgedanke, der sich gegen Monopole und für die Bedeutung von Konkurrenz im Handel aussprach (Heymann 1926, S. 339; Laband 1861, S. 45). Nach einigen Wirren und zahlreichen unterschiedlichen Ansätzen zur Regelung der Stellung des amtlichen Maklers begann die Einführung des „Allgemeinen Deutschen Handelsgesetzbuchs", kurz ADHGB genannt, im Jahr 1861. Das Monopol, das die Vermittlung von Handelsgeschäften auf den amtlichen Makler reduzierte, wurde abgeschafft (Axmann 2004, S. 85). Ein jeder konnte nun als Makler tätig werden. Nach Abschaffung des Vermittlungsmonopols traf die amtlichen Handelsmakler im Jahr 1879 ein weiterer schwerer Schlag. Die ihnen mit den Artikeln 77–78 ADHGB zuvor zugesprochene verstärkte Beweiskraft vermittelter Handelsabschlüsse durch Schlussnoten und Maklerbücher wurde ihnen aberkannt und so auch der letzte Wettbewerbsvorteil gegenüber den Privathandelsmaklern entzogen (Axmann 2004, S. 103). Mit dem Börsengesetz von 1896 wurde nun auch begonnen, die mit Einführung des ADHGB beschlossene amtliche Bestellung der Handelsmakler aufzulösen. Die bis dato vereidigten Börsenmakler verloren ihren exponierten Status und wurden zu Kursmaklern mit besonderen Rechten und Pflichten (Heymann 1926, S. 341). Der ursprünglich amtlich vereidigte Makler und mit Ausnahme des Kursmaklers auch dessen amtliche Bestellung wurden 1897 mit Erscheinen des noch heute gültigen Handelsgesetzbuchs, kurz HGB genannt, vollständig abgeschafft (Heymann 1926, S. 342); das HGB trat am 1.1.1900 schlussendlich in Kraft. Das Berufsfeld wurde nun in Handelsmakler, vormals als Privathandelsmakler bekannt, und Zivilmakler getrennt. Wer also fortan „gewerbsmäßig für andere Personen, ohne von ihnen auf Grund eines Vertragsverhältnisses ständig damit betraut zu sein, die Vermittlung von Verträgen über Anschaffung oder Veräußerung von Waren oder Wertpapieren (…) oder sonstige Gegenstände des Handelsverkehrs übernimmt" (§ 93 Abs. 1 HGB), ist Handelsmakler im Sinne des HGB. Die gesetzlichen Regelungen des Zivilmaklers sind hingegen nicht im HGB, sondern im BGB, dem „Bürgerlichen Gesetzbuch", zu finden. Die Vorschriften für Zivilmakler, wie zum Beispiel für den Immobilienmakler, sind folglich scharf von denen der Handelsmakler getrennt. Eine detaillierte Darstellung der verschiedenen Maklertypen erfolgt im nachfolgenden Unterkapitel.

2.2 Analyse der verschiedenen Maklertypen

Der Gliederungspunkt 2.2 dieses *essentials* beleuchtet die verschiedenen Maklertypen. In diesem Rahmen findet zunächst eine allgemeine Unterscheidung der Maklertypen anhand der jeweils im Zentrum stehenden Vertragsgegenstände statt.[4] Im späteren Verlauf erfolgt eine Differenzierung des Maklers nach der jeweils ausgeübten Tätigkeit.[5] Im letzten Gliederungspunkt des Kapitels wird abschließend noch der Typus des sogenannten Doppelmaklers vorgestellt.

2.2.1 Handelsmakler

Die gesetzlichen Vorschriften des Handelsmaklers sind im achten Abschnitt des Handelsgesetzbuchs zu finden und umfassen die §§ 93 bis 104. Handelsmakler im Sinne des § 93 HGB ist, wer gewerbsmäßig für andere Personen Verträge

[4] Siehe Abschn. 2.2.1 „Der Handelsmakler" und Abschn. 2.2.2 „Der Zivilmakler".

[5] Siehe Abschn. 2.2.3 „Der Vermittlungsmakler" und Abschn. 2.2.4 „Der Nachweismakler".

vermittelt, ohne jedoch aufgrund eines Vertragsverhältnisses ständig damit betraut zu sein (§ 93 Abs. 1 HGB). Dies unterscheidet den Handelsmakler klar vom sogenannten Handelsvertreter, der in einem *Dauerschuldverhältnis* zu seinem Auftraggeber steht (v. Hoyningen-Huene 2016, § 84 Rn. 54 u. § 93 Rn. 4, Hamm und Schwerdtner 2016, Rn. 17). Die vom Handelsmakler vermittelten Verträge müssen stets über Gegenstände des Handelsverkehrs geschlossen sein.[6]

Die wohl prominentesten Unterformen des Handelsmaklers sind der Versicherungsmakler, der Warenmakler, der Börsen- und Wertpapiermakler sowie der Schiffsmakler (v. Hoyningen-Huene 2016, § 93 Rn. 7 ff.). Der Versicherungsmakler findet hier aufgrund seiner Bekanntheit als ein Vertreter der Handelsmakler kurz exemplarisch Erwähnung. Gegenstand des Versicherungsmaklers ist die Vermittlung von Aufträgen zwischen Versicherungsnehmern und Versicherern, wobei auch hier eine scharfe Trennung zum Versicherungsvertreter vollzogen werden muss. Der Versicherungsvertreter steht wie auch schon der Handelsvertreter in einem engen Verhältnis zum Versicherer; der Versicherungsmakler ist hingegen eben nicht an einen konkreten Versicherer gebunden (v. Hoyningen-Huene 2016, § 93 Rn. 9).

Der Handelsmakler kann Kaufmann sein, muss es jedoch nicht;[7] die Vorschriften des Handelsmaklers sind folglich unabhängig von der Kaufmannseigenschaft anzuwenden (v. Hoyningen-Huene 2016, § 93 Rn. 6). Kaufmann ist der Handelsmakler also nur bei Vorliegen eines kaufmännisch eingerichteten Geschäftsbetriebs oder der Eintragung ins Handelsregister (§§ 1 u. 2 HGB).

Im Hinblick auf die Berufsausübung des Handelsmaklers ist festzuhalten, dass dieser nie Geschäfte unter seinem Namen oder dem seines Auftraggebers abschließt; kennzeichnend für die Tätigkeit des Handelsmaklers ist die bloße Zusammenführung der zum Handel entschlossenen Parteien (v. Hoyningen-Huene 2016, § 93 Rn. 4). Üblich ist hier eine sogenannte Doppeltätigkeit.[8] Der

[6]Gemeint sind u. a. Waren, Wertpapiere, Versicherungen, Güterbeförderungen und Schiffsmiete; siehe dazu § 93 Abs. 1 HGB. Immobilien sind hingegen nicht den Handelsgegenständen zuzuordnen.

[7]Vor HRefG vom 22.6.1998 „war der Handelsmakler bereits gemäß § 1 Abs. 2 Nr. 7 aF sog. Muss-Kaufmann" (v. Hoyningen-Huene 2016, § 93 Rn. 6).

[8]Doppeltätigkeit wird stets vermutet; siehe dazu § 99 HGB, vgl. auch v. Hoyningen-Huene 2016, § 93 Rn. 49 f.

Handelsmakler steht also in der Regel im Verhältnis zu beiden am Geschäft beteiligten Parteien (Reiner 2014, § 93 Rn. 38). Strikte Neutralität und Überparteilichkeit des Handelsmaklers sind hierfür zwingende Voraussetzungen. Im Fall der Doppeltätigkeit besteht dann gegen beide Parteien ein Anspruch auf einen Teil der Provision (Reiner 2014, § 93 Rn. 38).

Die bis dato vielfach erwähnte Vermittlungsleistung des Handelsmaklers ist im Folgenden genauer zu betrachten. Bei der Vermittlung durch den Handelsmakler genügt nicht der bloße Nachweis zur Gelegenheit eines möglichen Vertragsschlusses; vielmehr ist die echte Vermittlung durch aktive Zusammenführung beider Parteien erforderlich (Roth 2016, § 93 Rn. 13). Die Unterschiede zwischen dem Nachweis- und dem Vermittlungsmakler werden im weiteren Verlauf noch eingehend erörtert. Angeführt sei jedoch schon jetzt, dass der Handelsmakler im Gegensatz zum Zivilmakler niemals Nachweis-, sondern stets Vermittlungsmakler sein muss. Allerdings ist er auch als Vermittlungsmakler in seiner Tätigkeit frei. Er ist somit weder dazu verpflichtet, überhaupt tätig zu werden, noch schuldet er dem Auftraggeber grundsätzlich Erfolg (Roth 2016, § 93 Rn. 23).

Wie für den Zivilmakler sind auch für den Handelsmakler die im BGB festgeschriebenen allgemeinen Vorschriften des Maklers maßgeblich.[9] Die Vorschriften des HGB sind gleichsam ergänzender Natur für die Sonderstellung des Handelsmaklers (v. Hoyningen-Huene 2016, § 93 Rn. 5). Der Handelsmakler unterliegt wesentlich strengeren Richtlinien als der Zivilmakler. So ist der Handelsmakler neben der Pflicht zur Anfertigung von Schlussnoten (§ 94 HGB) und der Pflicht zur Aufbewahrung von Proben (§ 96 HBG) auch dazu verpflichtet, Tagebuch über geschlossene Geschäfte zu führen (§ 100 HGB). Alle angeführten Pflichten des Handelsmaklers dienen der möglichst lückenlosen Dokumentation der Geschäfte. So fungiert die Schlussnote, die vom Handelsmakler nach Abschluss des Handelsgeschäfts den am Geschäft beteiligten Personen übergeben wird, nicht zuletzt als eine Art Beweismittel über Inhalt und Abschluss des Geschäfts; sie ist allerdings nicht maßgeblich für die Wirksamkeit des geschlossenen Vertrags (v. Hoyningen-Huene 2016, § 94 Rn. 3). In ihr sind die am Geschäft beteiligten Parteien, der Vertragsgegenstand und die Bedingungen des Geschäfts aufgeführt. Bei Waren oder Wertpapieren als Gegenstand des Vertrags sind überdies deren Gattung und Menge sowie der Preis und die Zeit der Lieferung aufzuführen (§ 94 Abs. 1 HGB). Sofern beide Parteien den Handelsmakler von der Pflicht zur Erstellung der Schlussnote entbinden oder ihn der Ortsgebrauch im Hinblick auf die Art der Ware davon entbindet, kann der Handelsmakler auf die

[9]Siehe §§ 652 ff. BGB.

Anfertigung einer Schlussnote verzichten. Hierbei ist zu beachten, dass nur beide Parteien zusammen den Handelsmakler von seiner Pflicht entbinden können. Dies lässt sich damit begründen, dass jede Partei für sich ein berechtigtes Interesse an der Ausstellung einer Schlussnote haben kann (v. Hoyningen-Huene 2016, § 94 Rn. 5 u. 6).

Die gleiche Regelung lässt sich auch auf die in § 96 HGB bestimmte Pflicht zur Aufbewahrung von Warenproben anwenden. Auch hier kann der Handelsmakler von dieser Pflicht entbunden werden. Wie bei der Schlussnote können ihn beide Parteien oder der Ortsgebrauch im Hinblick auf die Art der Ware davon entbinden. Andernfalls endet die Pflicht zur Aufbewahrung, wenn keine Einwendungen gegen den Zustand der Ware mehr zu erwarten sind oder wenn das Geschäft als erledigt gilt.[10]

Die schon erwähnte Verpflichtung des Handelsmaklers zur Führung eines Tagebuchs nach § 100 HGB ist ein weiteres wichtiges Instrument zur Dokumentation der vermittelten Geschäfte. Alle abgeschlossenen Geschäfte sind täglich durch den Handelsmakler einzutragen. Der Inhalt entspricht im Wesentlichen dem der Schlussnote. So sind auch im Tagebuch die am Geschäft beteiligten Parteien, der Vertragsgegenstand, die Bedingungen sowie ferner bei Geschäften über Waren oder Wertpapiere die Gattung, Menge, Preis und Zeitpunkt der Lieferung zu dokumentieren (Ibold 2015, Rn. 10).

Insgesamt wird deutlich, dass die Dokumentation der Geschäfte, sei es durch die Erstellung von Schlussnoten, durch die Aufbewahrung von Proben oder durch die Führung eines Tagebuchs, eine zentrale Rolle bei der Berufsausübung des Handelsmaklers spielt. Das Regelkorsett des Handelsmaklers ist ohne Zweifel sehr viel enger geschnürt als das des Zivilmaklers; ersichtlich wird dies bei der Analyse des Zivilmaklers im nächsten Gliederungspunkt.

2.2.2 Zivilmakler

Wie bereits erörtert, handelt es sich bei dem uns heute bekannten Zivilmakler um eine rechtsgeschichtlich relativ junge Maklerform. Mit dem Inkrafttreten des Bürgerlichen Gesetzbuchs im Jahr 1900 war dem Zivilmakler eine rechtliche Grundlage geschaffen, die sich streng genommen aus lediglich drei Bestimmungen, der §§ 652 bis 654 BGB, zusammensetzt (Hamm und Schwerdtner 2016, Rn. 4).

[10]Siehe § 96 HGB. Zum Beispiel der Fall, wenn der Käufer die Ware klaglos in Empfang nimmt; vgl. dazu Roth 2016, § 96 Rn. 1. Für weitere Umstände vgl. auch v. Hoyningen-Huene 2016, § 96 Rn. 2.

Gleichwohl wurden mit Erscheinen des BGB auch dessen §§ 655 und 656 den Maklervorschriften zugeordnet; ihre praktische Relevanz ist aber für den klassischen Zivilmakler zunächst von sekundärer Natur (Hamm und Schwerdtner 2016, Rn. 4).

Im Gegensatz zur Tätigkeit des Handelsmaklers ist der Zivilmakler nicht mit der Vermittlung von Gegenständen des Handelsverkehrs betraut (Roth 2016, § 93 Rn. 1). Zwar kann auch er Geschäfte über Gegenstände des Handelsverkehrs vermitteln, allerdings nur dann, wenn ebendiese Vermittlung keinen gewerbsmäßigen Charakter aufweist (Arnold 2016, Vorbem. zu §§ 652 ff. Rn. 29). Die Eingrenzung der Vermittlungsgegenstände eines Zivilmaklers kann im Rückgriff auf die Definition des Handelsmaklers und seiner Vertragsgegenstände erfolgen. Dem folgend ist alles, was nicht Gegenstand des Handelsverkehrs ist, dem Tätigkeitsbereich des Zivilmaklers auf Grundlage der §§ 652 ff. BGB zuzurechnen (Ibold 2015, Rn. 9).

Der Zivilmakler ist wie der Handelsmakler zumeist Kaufmann, da bei gewerbsmäßiger Betreibung des Maklerberufs gewöhnlich ein kaufmännisch eingerichteter Geschäftsbetrieb vorliegt, der den Betreiber gemäß § 1 HGB zum Kaufmann macht (Hamm 2016, § 24 Rn. 5). Ist der Zivilmakler also auch Kaufmann, finden neben den Maklervorschriften aus §§ 652 ff. BGB auch die handelsrechtlichen Normen der §§ 343 ff. HGB Anwendung (Roth 2017, § 652 Rn. 11). Die Vorschriften der §§ 93 ff. HGB und mit ihnen die für den Handelsmakler strengen Dokumentationsinstrumente sind hingegen nicht auf den Zivilmakler anwendbar, sondern ausschließlich auf den Handelsmakler gemünzt.

Im Gegensatz zum Handelsmakler ist der Zivilmakler nicht ohne weiteres zur sogenannten Doppeltätigkeit berechtigt, sondern bedarf hierzu in der Regel einer ausdrücklichen Erlaubnis des jeweiligen Vertragsgegners (Reiner 2014, § 93 Rn. 38). Erklären lässt sich diese Regelung durch die unterschiedlichen Vertragsgegenstände von Handels- und Zivilmaklern. Während die Vermittlung des Handelsmaklers über Handelsgegenstände erfolgt, bei denen davon ausgegangen wird, dass ein Marktpreis dem Gegenstand immanent oder zumindest objektiv bestimmbar ist, würden die Vertragsgegenstände eines Zivilmaklers zwangsläufig zu Preisverhandlungen führen und so einen Interessenkonflikt verursachen (Reiner 2014, § 93 Rn. 38). Die Wahrung völliger Überparteilichkeit und strenger Neutralität wäre bei Preisverhandlungen über die Vertragsgegenstände eines Zivilmaklers nicht gegeben, da der Käufer einen möglichst niedrigen und der Verkäufer einen möglichst hohen Kaufpreis realisieren möchte, beide aber durch den Makler vertreten werden (v. Hoyningen-Huene 2016, § 93 Rn. 48). Der Handelsmakler hingegen ist i. d. R. keinem Interessenkonflikt ausgesetzt, da das Preisgefüge der Handelsgegenstände hinlänglich bekannt und weitestgehend von beiden Parteien akzeptiert ist. Ungeachtet dessen ist – wie später noch zu sehen sein wird – auch beim Zivilmakler die Doppeltätigkeit in der Praxis durchaus üblich.

Der Immobilienmakler ist zweifellos der wohl bekannteste Zivilmakler und soll deshalb im Zentrum der nachfolgenden Analyse stehen.[11] Die für ihn relevanten Bestimmungen konzentrieren sich auf die den Provisionsanspruch betreffenden §§ 652 bis 654 BGB. Warum der Immobilienmakler, seinem Wesen nach hauptsächlich mit der Vermittlung von Grundstücken und Immobilien betraut, den Zivilmaklern und nicht den Handelsmaklern zugeordnet wird, ist eine noch genauer geschuldete Erklärung und soll im Folgenden kurz erörtert werden, um noch einmal den Unterschied zwischen Handels- und Zivilmaklern offenzulegen. Hierbei ist abermals ins Gedächtnis zu rufen, dass die vom Handelsmakler vermittelten Gegenstände ausschließlich Gegenstände des Handelsverkehrs sind. Die Zuordnung des Immobilienmaklers zur Gattung der Handelsmakler würde also voraussetzen, dass Grundstücke, grundstücksgleiche Rechte und Immobilien als Gegenstände des Handels zu definieren wären. Warum dies nicht der Fall ist, wird in der Analyse der Historie offengelegt.

Der Grundstein für die Zuordnung des Immobilienmaklers zum Zivil- und nicht zum Handelsmakler wurde lange vor Erscheinen des HGB und des BGB gelegt. Bereits im „Frankfurter Entwurf“[12] aus dem Jahr 1849 ist eine Definition der Handelsgegenstände zu finden; per Definition sollten diese frei und beweglich sein. Unbewegliche Sachen wurden also schon damals als Handelsgegenstand ausgeschlossen. Die im „Frankfurter Entwurf“ in Artikel 6 niedergeschriebene Definition: „Verträge über unbewegliche Sachen sind keine Handelsgeschäfte“, wurde in gleicher Form auch in den „Preußischen Entwurf“, aus dem das Allgemeine Deutsche Handelsgesetzbuch“, kurz ADHGB genannt, hervorging (Leisau 1967, S. 6), mit seinem Artikel 211 Abs. 4 übernommen (Axmann 2004, S. 63). Immobilien waren demnach auch im „Preußischen Entwurf“ weiterhin keine Gegenstände des Handels und somit auch nicht dem Vermittlungsbereich des Handelsmaklers zugehörig. Als Grund hierfür wurde die Unvereinbarkeit von Verträgen über Immobilien mit dem Handelsrecht ins Feld geführt; bei Verträgen

[11] Die Besonderheiten der Darlehens- und Ehevermittlung (§§ 655 und 656 BGB) werden hier bewusst ausgespart, da der Grundgedanke des Makelns am einprägsamsten anhand des Immobilienmaklers illustriert werden kann.

[12] Entwurf eines allgemeinen Handelsgesetzbuches für Deutschland von 1849; vgl. dazu Axmann 2004, S. 46.

über Grundstücke etc. seien ganz einfach größere Förmlichkeiten vonnöten.[13] So kam es, dass sich die ursprüngliche Definition der Handelsgeschäfte („Verträge über unbewegliche Sachen sind keine Handelsgeschäfte") weiter manifestierte und letztlich auch in das finale ADHGB Einzug hielt.[14]

Nicht übernommen wurde die im ADHGB durch den Artikel 275 bekannt gewordene Definition der Handelsgeschäfte von dem noch heute gültigen HGB (Axmann 2004, S. 151). Die Marschroute blieb allerdings dieselbe, und so gelang es dem Immobilienmakler auch im HGB nicht, dem Stand der Handelsmakler zugerechnet zu werden. Schließlich wurde die Vermittlung von Geschäften über unbewegliche Sachen durch den § 93 Abs. 2 HGB von den für die Handelsmakler relevanten Vorschriften (§§ 93 ff. HGB) ausgeschlossen.

Entgegen aller Vermutungen waren also nicht eine möglicherweise zweifelhafte Natur des Immobilienmaklers oder gar eine geringschätzige gesellschaftliche Stellung für die Ausgrenzung aus dem Stand der Handelsmakler verantwortlich, sondern sie erfolgte, wie gesehen, aus rein definitorischen Gründen.

Ob diese Entwicklung bei einer stärkeren Lobby der Immobilienmakler zur damaligen Zeit anders verlaufen wäre und sich die Definition der Handelsgeschäfte auch auf das Tätigkeitsfeld der Immobilienmakler erstreckt hätte, bleibt fraglich. Die Notwendigkeit einer berufsspezifischen Interessenvertretung der Immobilienmakler wurde nämlich erst zum Ende des 19. Jahrhunderts erkannt und fand ihren Ausdruck in der Gründung des *Vereins deutscher Immobilienmakler* in Frankfurt a. M., 1893 (Axmann 2004, S. 106). Fortan war auch den Immobilienmaklern ein politisches Sprachrohr gegeben; wie sich zeigen sollte jedoch zu spät, um begonnene Prozesse nachhaltig zu beeinflussen.

Die definitorische Ausgrenzung der Immobilienmakler aus dem Handelsgesetz, die sich über Jahrzehnte entwickelte und forttrug, konnte nicht mehr rückwirkend beeinflusst werden. Überdies war auch die Chance auf Einflussnahme auf die Gesetzgebung des Bürgerlichen Rechts vertan oder blieb zumindest ungenutzt. Die Vorkommission zum Bürgerlichen Gesetzbuch nahm bereits 1874 ihre Arbeit auf und der erste Entwurf des BGB wurde 1887 eingereicht (Axmann 2004, S. 115 u. 125). Der im Jahr 1893 gegründete *Verein deutscher Immobilienmakler* konnte darauf aus nachvollziehbaren Gründen nicht mehr einwirken. Auch nach seiner Gründung ist eine Einflussnahme des Vereins auf die Erstellung des Bürgerlichen Gesetzbuchs nicht nachweisbar (Axmann 2004, S. 148).

[13] Vgl. Entwurf eines Handelsgesetzbuchs für die Preussischen Staaten (1857), S. 103; vgl. dazu auch Leisau 1967, S. 6; Axmann 2004, S. 63 f.

[14] Siehe Art. 275 ADHGB: „Verträge über unbewegliche Sachen sind keine Handelsgeschäfte".

In diesem Zusammenhang ist noch einmal auf die heute recht spärlich anmutende Gesetzgebung der Makler im BGB einzugehen. Hierbei darf jedoch nicht vergessen werden, dass die damalige Regelung im Bereich des Zivilmaklerrechts einen großen Fortschritt bedeutete, die den damaligen Bedürfnissen genügte. Im Gegensatz zu den heutigen Anforderungen vermochten die §§ 652 bis 656 BGB den zentralen Belangen zur Zeit ihrer Veröffentlichung gerecht zu werden (Axmann 2004, S. 146).

2.2.3 Vermittlungsmakler

Während die Maklertypen zuvor nach dem zu vermittelnden Vertragsgegenstand unterschieden wurden, erfolgt die Trennung nunmehr in Abhängigkeit der ausgeführten provisionspflichtigen Tätigkeit.

Die Entstehung des Lohnanspruchs eines Maklers kann durch den bloßen Nachweis einer Gelegenheit zum Vertragsabschluss oder durch die echte Vermittlung eines Vertrags begründet sein (§ 652 Abs. 1 BGB). Gleichwohl könnten auch noch andere Umstände zu einem Provisionsanspruch führen, doch sollen hier nur die *Vermittlung* und der *Nachweis* als zentrale provisionsbegründende Tätigkeiten des Maklers näher beleuchtet werden.[15]

Die Vermittlung eines Vertrags und der Nachweis einer Gelegenheit dazu stellen die wichtigsten zu unterscheidenden Anspruchsgrundlagen einer Provisionszahlung dar. In der Praxis gehen diese häufig Hand in Hand, da sich die Makler die Provision in vielen Fällen direkt für beide Szenarien versprechen lassen. Der Anspruch auf Provision entsteht sodann ganz gleich ob durch Vermittlung oder durch Nachweis erbracht. Diese Möglichkeit der Vertragsgestaltung ist jedoch nur für den Zivil-, nicht aber für den Handelsmakler anwendbar. Im Gegensatz zum Zivilmakler, der Nachweis- und/oder Vermittlungsmakler sein kann, ist der Handelsmakler stets Vermittlungsmakler (Roth 2015, § 93 Rn. 2). Der bloße Nachweis einer Gelegenheit zum Vertragsabschluss ist mit der Konzeption des Handelsmaklerberufs nicht vereinbar.[16]

---

[15]Für andersartige Provisionsansprüche vgl. exemplarisch Hamm und Schwerdtner 2016, Rn. 213–220.

[16]Vgl. dazu abermals Gliederungspunkt 2.2.1 „Der Handelsmakler“.

Die folgende analytische Trennung in Vermittlung und Nachweis ist zweifellos mehr von theoretischer und definitorischer als von praktischer Bedeutung. Die Leistung des Vermittlungsmaklers besteht in der aktiven Herbeiführung eines Vertragsabschlusses. Der Tatbestand der Vermittlung gilt als erfüllt, wenn das Bemühen des Maklers den Willen des Interessenten zum Vertragsabschluss herbeigeführt oder zumindest gefördert hat (Kotzian-Marggraf 2017, § 652 Rn. 25). Das finale Ziel des Maklers muss also sein, die Vorstellungen und Präferenzen des Verkäufers und des Käufers während der Verhandlungen einander anzugleichen und über deren letztendliche Übereinstimmung oder über das Erreichen eines Kompromisses den Schluss des Hauptvertrags zu generieren (Dyckerhoff und Brandt 2003, S. 15). Die bloße Zusendung eines Exposés oder das Ermöglichen eines Besichtigungstermins einer Immobilie sind nicht hinreichend, um von einer Vermittlungsleistung sprechen zu können; sie dienen allenfalls als Impuls für darauf folgende Verhandlungen. Der Eintritt des Maklers in Vertragsverhandlungen ist also Voraussetzung für die Erbringung einer Vermittlungsleistung (Mutschler 2010, S. 51). Die Anwesenheit des Vermittlungsmaklers bei Vertragsschluss ist hingegen nicht vonnöten (Kotzian-Marggraf 2017, § 652 Rn. 25). Ebenso wenig bedarf es einer direkten und unmittelbaren Einwirkung auf den Interessenten. Ausreichend ist die Einwirkung des Maklers auf eine dem potentiellen Vertragspartner nahestehende Person, die zum Zeitpunkt der Vermittlungstätigkeit zum Vertragschließenden in einer auf Dauer angelegten Beziehung familiärer oder gesellschaftsrechtlicher Qualität stand (Fehrenbacher 2016, § 652 Rn. 31). Sofern diese Einwirkung letztlich die Bereitschaft des Vertragspartners zum Vertragsschluss herbeigeführt oder gefördert hat, gilt ein Provisionsanspruch des Vermittlungsmaklers als begründet.[17]

Das reine Zusammenführen von bloßen Interessenten ist, wie gesehen, also nicht ausreichend, um von einer Vermittlungsleistung des Maklers zu sprechen. Es ist also stets eine aktive Beeinflussung des künftigen Vertragspartners oder seines engen Angehörigen durch den Makler notwendig. Sind sich die Vertragsparteien von vornherein einig, gibt es also zwischen ihnen nichts zu vermitteln, so kann auch nicht von einer Vermittlungsleistung des Maklers gesprochen werden.

In diesem Fall bliebe jedoch zu prüfen, ob ein Anspruch auf Provisionszahlung aus Nachweistätigkeit infrage käme.

[17]Es wird „als ausreichend angesehen, wenn der Makler mit dem Ehmann (sic!) verhandelt und damit die Verkaufsbereitschaft der Ehefrau gefördert hat“ (Hamm und Schwerdtner 2016, Rn. 241).

2.2.4 Nachweismakler

Die begriffliche Bestimmung der Nachweistätigkeit ist ähnlich einfach wie die der zuvor erörterten Vermittlungstätigkeit. Allerdings ist die Reichweite der Definition des Nachweises in der Praxis durch verschiedene Gerichtsurteile auf eine Vielzahl von Fallkonstellationen anwendbar, die einen Provisionsanspruch begründen können. Die hier vorgenommene Analyse soll sich auf die rein begriffliche Bestimmung und auf die wichtigsten den Provisionsanspruch aus Nachweistätigkeit begründenden Fallbeispiele beschränken.

Die Leistung des Nachweismaklers besteht, wie § 652 BGB ausführt, in dem wörtlich zu verstehenden „Nachweis der Gelegenheit zum Abschluss eines Vertrags" (§ 652 Abs. 1 BGB). Gemeint ist hier der sogenannte Hauptvertrag, der den zu vermittelnden Gegenstand zur Grundlage hat. Ganz allgemein heißt es: Der Makler muss seinem Kunden ermöglichen, in „konkrete Verhandlungen über den von ihm angestrebten Hauptvertrag einzutreten" (Roth 2017, § 652 Rn. 96). Eine über dies hinausgehende Maklertätigkeit ist im Fall der Nachweistätigkeit nicht erforderlich, um die Provision als verdient zu betrachten (Kotzian-Marggraf 2017, § 652 Rn. 24). Vertragsverhandlungen oder etwaige andere Einwirkungen auf den Vertragspartner sind dem Vermittlungsmakler zuzurechnen und haben für die Erbringung eines bloßen Nachweises und des daraus resultierenden Provisionsanspruchs keine Relevanz.

Die Frage, welche Informationen nötig sind, um *konkrete* Verhandlungen führen zu können, die einen Nachweis begründen, bleibt zunächst unbeantwortet, ist aber mithilfe entsprechender Gerichtsurteile nachfolgend einzugrenzen.

Eine Nachweisleistung des Maklers gilt als hinreichend begründet, wenn dem Kunden ein Objekt bereits bekannt war, er aber erst durch den Makler von der Verkaufsbereitschaft des Eigentümers erfahren hat. Ausschlaggebend ist hier also die Unkenntnis des Kunden über die tatsächliche Möglichkeit zum Erwerb (Ibold 2015, Rn. 74). Nennt der Makler dem Kunden hingegen ein Objekt, bei dem Verkaufs- oder Vermietungsbereitschaft des Eigentümers zum Zeitpunkt der Bekanntmachung durch den Makler nicht vorlagen, ist ein Nachweis auch dann nicht erfolgt, wenn es zu einem späteren Zeitpunkt zu einem Vertrag über das Objekt kommen sollte (Roth 2017, § 652 Rn. 101). Maßgeblich für diese Sichtweise sind die *veränderten Bedingungen.* Von einer Nachweisleistung ist auch dann nicht zu sprechen, wenn der zunächst zum Verkauf bereite Eigentümer seine Verkaufsbereitschaft aufgibt, aber zu einem späteren Zeitpunkt, unter veränderten

Bedingungen, doch noch verkauft.[18] Die vom Kunden genutzte Vertragsgelegenheit muss also mit der von dem Makler nachgewiesenen übereinstimmen, und es genügt nicht, dass die Maklerleistung nur in irgendeiner Weise für den Vertragsschluss ursächlich war (Roth 2017, § 652 Rn. 98).

Auch die Weitergabe pauschaler Informationen über die Existenz eines Vertragsobjektes ist keineswegs hinreichend, eine Nachweisleistung des Maklers zu begründen. Muss der Kunde also in *unzumutbarer Weise* selber ermitteln, um einen Vertragsschluss zu erreichen, kann nicht mehr von einem Nachweis durch den Makler gesprochen werden (Fehrenbacher 2016, § 652 Rn. 28). Für gewöhnlich werden also neben der Benennung des Objekts auch die Daten des möglichen künftigen Vertragspartners angegeben, um einen Provisionsanspruch aus Nachweisleistung zu begründen. Bewusst wird hier zunächst nicht vom Eigentümer, sondern vom Vertragspartner gesprochen, da beispielsweise die Veräußerung eines Grundstücks auch durch einen Verkäufer erfolgen könnte, der noch nicht Eigentümer ist. Sofern der genannte Verkäufer zum Erwerb und zur Weiterveräußerung des Grundstücks gewillt und in der Lage ist, muss der Vertragspartner zum Zeitpunkt der Benennung durch den Makler nicht zwangsläufig auch Eigentümer gewesen sein (Roth 2017, § 652 Rn. 96).

Eine Nachweisleistung des Maklers kann in seltenen Fällen auch durch die bloße Objektangabe begründet sein. So ist die Angabe des Namens und der Anschrift des Eigentümers dann entbehrlich, wenn diese für den Kunden ohne größere Nachforschungen zu ermitteln sind. Dies kann der Fall sein, wenn das Objekt und mit ihm der Eigentümer allgemein bekannt sind oder wenn die Anschrift des Objekts mit der Anschrift des Eigentümers zusammenfällt (Mansel 2015, § 652 Rn. 8). Entscheidend ist ein für den Kunden einfacher Zugang zu derlei Informationen. Die Bekanntgabe der Daten des Eigentümers kann auch dann entfallen, wenn der Kunde an eben diesen nicht interessiert ist. Wenn der Makler Name und Anschrift des Eigentümers kennt und wenn er bereit ist, diese auch preiszugeben, dann ist ein Nachweis auch durch Angabe ausschließlich objektbezogener Daten erfolgt. Fragt der Kunde jedoch nach den Daten des Eigentümers und gibt der Makler diese nicht preis, kann im Fall eines Vertragsschlusses nicht von einer Nachweisleistung des Maklers die Rede sein. Woher der Makler seine

[18]Denkbar ist auch, dass der Kunde aufgrund eines zu hohen Preises vom Kauf Abstand nimmt, es aber später zu einem wesentlich geringeren Preis (i. d. R. ab 15 % Preisunterschied) erwirbt; auch dann ist in der Regel keine provisionspflichtige Nachweisleistung des Maklers erfolgt. Vgl. dazu genauer Hamm und Schwerdtner 2016, Rn. 263.

Informationen über die Objekte und Eigentümer erhält, auf die sich seine spätere Nachweisleistung bezieht, ist unerheblich.[19]

Auch wenn mehrere Makler an einem Vertragsabschluss beteiligt sind, bleibt die Provisionspflicht aus Nachweisleistung grundsätzlich bestehen. Wird die Leistung eines weiteren Maklers, beispielsweise eines Vermittlungsmaklers des Verkäufers, in Anspruch genommen, geschieht dies unabhängig vom Provisionsanspruch des Nachweismaklers (Roth 2017, § 652 Rn. 97). Der Makler hat hingegen keinen Anspruch auf Provisionszahlung aus Nachweistätigkeit, wenn er den Kunden lediglich an einen anderen Makler verweist und dieser dem Kunden ohne Zutun des ersten Maklers einen Vertrag vermittelt oder eine Gelegenheit zum Vertragsabschluss nachweist (Roth 2017, § 652 Rn. 104).

Es liegt auf der Hand, dass sich weit mehr als die hier vorgestellten Szenarien analysieren ließen, die dem Anspruch einer Nachweistätigkeit genügen und einen Anspruch auf Provision begründen. Dennoch soll sich durch die vorangegangene Vorstellung und Einordnung zentraler Fallbeispiele in Verbindung mit der begrifflichen Bestimmung der Nachweistätigkeit ein analytisches Denkmuster entwickelt haben: Es ist also in Summe zu prüfen, ob die Tätigkeit des Maklers den Anforderungen einer Nachweisleistung aus § 652 BGB genügt. Dies ist zutreffend, wenn die vom Makler im Rahmen der Nachweisleistung genannten Informationen mit der vom Kunden genutzten Vertragsmöglichkeit übereinstimmen und auch zu dieser geführt haben; es darf jedoch zwischen ihnen keine grobe zeitliche oder inhaltliche Zäsur zu finden sein. Ein Anspruch auf Provision aufgrund des Nachweises einer Gelegenheit zum Vertragsschluss sollte dementsprechend bestehen, bleibt jedoch im Einzelnen stets zu prüfen.

2.2.5 Doppelmakler

Gemeinhin wird von einem Doppelmakler gesprochen, wenn ein Makler für beide am Hauptvertrag beteiligten Parteien seine Maklertätigkeit entfaltet. War seine Doppeltätigkeit zulässig, so besteht gegenüber beiden Vertragsparteien ein Anspruch auf Provision. Wie schon in Abschn. 2.2.2, „Der Zivilmakler“, festgestellt, ist die Doppeltätigkeit dem Zivilmakler jedoch nicht ohne weiteres erlaubt. Gemäß § 654 BGB ist der Lohnanspruch des Maklers verwirkt, wenn er „dem

[19]Zum Beispiel durch eine Zeitungsanzeige; vgl. dazu Hamm und Schwerdtner 2016, Rn. 275.

Inhalt des Vertrags zuwider auch für den anderen Teil tätig gewesen ist" (§ 654 BGB). Im Gegensatz zum Handelsmakler, bei dem eine Doppeltätigkeit stets vermutet wird, gestaltet sich die Gesetzeslage bei dem Zivilmakler im Hinblick auf die Erlaubnis der Doppeltätigkeit deutlich schwieriger. In der Tat kann es in der Praxis von Fall zu Fall unterschiedlich sein, wann die Ausübung einer Doppeltätigkeit erlaubt und wann sie verboten ist. Ein grundsätzliches Verbot der Doppeltätigkeit besteht folglich nicht, sondern hängt im Einzelnen vom Vertrag und der vom Makler ausgeübten Tätigkeit ab (Kotzian-Marggraf 2017, § 654 Rn. 1). Eine pauschale Aussage kann daher nicht getätigt werden. Insgesamt kann jedoch davon ausgegangen werden, dass die Doppeltätigkeit des Zivilmaklers im besten Fall auf einer konkreten vertraglichen Gestattung beider Parteien gründet (Roth 2017, § 654 Rn. 8). Ziel dieser Regelung ist die Verhinderung von etwaigen Interessenkonflikten.

Sofern allerdings kein vertragswidriger Interessenkonflikt besteht, könnte die Doppeltätigkeit auch ohne ausdrückliche vertragliche Gestattung erlaubt sein (Scheuch und Ebert 2017, § 654 Rn. 2). Vornehmlich Usus ist dies bei Immobiliengeschäften. Wird ein Immobilienmakler für beide Parteien als Nachweismakler tätig oder erbringt er für die eine Seite eine Nachweis- und für die andere eine Vermittlungsleistung, so ist ihm die Doppeltätigkeit auch ohne vertragliche Gestattung grundsätzlich erlaubt. Ob die Parteien von der Doppeltätigkeit des Maklers Kenntnis hatten, ist in diesem Fall irrelevant. Eine Offenlegung der Doppeltätigkeit oder zumindest deren eindeutige Erkennbarkeit sind Voraussetzung, sofern der Immobilienmakler für beide Seiten eine Vermittlungsleistung erbringen möchte.[20] In diesem Fall wären Interessenkonflikte zu erwarten, da Käufer und Verkäufer unterschiedliche Zielvorstellungen bezüglich des Kaufpreises hegen könnten. Es erscheint daher nur fair, die Vertragsparteien von diesem Umstand in Kenntnis zu setzen, auch wenn der Doppelmakler gegenüber seinen Auftraggebern ohnehin zu strenger Überparteilichkeit verpflichtet ist (Mutschler 2010, S. 57).

[20] Eine doppelte Vermittlungstätigkeit ist im Immobiliensektor trotz möglicher Interessenkollision möglich; vgl. dazu genauer Roth 2017, § 654 Rn. 9.

2.3 Rechtliche Voraussetzungen zur Ausübung des Maklerberufs

Wer in Deutschland als Makler tätig werden will, hat einige vom Gesetzgeber festgeschriebene Vorschriften zu beachten. Welche damit gemeint sind und ob sie ein gewisses Maß an berufsständischer Qualität zu erreichen vermögen, sei Gegenstand der nun folgenden Analyse.[21]

2.3.1 Gewerbeerlaubnis des Maklers

Um gewerbsmäßig als Makler in Deutschland tätig zu sein, bedarf es grundsätzlich einer Erlaubnis. Überdies ist der Makler nach § 14 Abs. 1 GewO zur Anmeldung seines Gewerbes verpflichtet (Weiss 2017, S. 541). Der von einer Erlaubnispflicht betroffene Personenkreis ist dem ersten Abschnitt des § 34c der Gewerbeordnung, kurz GewO genannt, zu entnehmen. So sind neben den gewerbsmäßigen Maklern (§ 34c Abs. 1 Nr. 1 GewO) auch Darlehensvermittler (§ 34c Abs. 1 Nr. 2 GewO) sowie Bauträger und Baubetreuer (§ 34c Abs. 1 Nr. 3 GewO) erlaubnispflichtig. Von der Erlaubnispflicht ausgenommen sind all jene, die schon aufgrund von Spezialgesetzen einer Zulassungsregelung unterliegen (§ 34c Abs. 5 GewO).[22]

Im Zentrum dieses Gliederungspunktes soll der nach § 34c Abs. 1 Nr. 1 GewO tätige und erlaubnispflichtige Makler stehen. Die einzelnen Besonderheiten der Darlehensvermittler, Bauträger und Baubetreuer sollen hier nicht näher erörtert werden, da sie für das Kernthema dieses *essentials* nicht ausreichend relevant sind.

Die Pflicht zur Beantragung einer Erlaubnis ist mit dem gewerblichen Charakter der ausgeübten Tätigkeit verknüpft. Wer also selbstständig, nachhaltig und mit der Absicht, Gewinne zu erzielen, tätig wird, handelt gewerblich und bedarf einer Genehmigung gemäß § 34c GewO (Marcks 2014, § 34c Rn. 7). Angestellte, die in den entsprechenden Berufsfeldern tätig sind, unterliegen mangels Selbstständigkeit nicht der Erlaubnispflicht. Betätigen sich diese jedoch auch neben ihrem Angestelltenverhältnis in diesem Gewerbe, ist der Tatbestand der Selbstständigkeit erfüllt und eine Erlaubnis vonnöten (Geser 2016, S. 15). Bei freien Mitarbeitern ist im Einzelfall zu prüfen, ob sie einer Genehmigung bedürfen. Hierbei ist

[21]Die Makler- und Bauträgerverordnung (MaBV) wird in diesem Kontext nicht behandelt.

[22]Zur Vertiefung und weiteren Erläuterung siehe Marcks 2014, § 34c Rn. 51 ff. Immobilienverwalter unterliegen zukünftig ebenfalls der Erlaubnispflicht; vgl. dazu genauer Immobilienverband Deutschland IVD 2017.

die tatsächliche Selbstständigkeit des Mitarbeiters zu untersuchen, also der Frage nachzugehen, ob der Mitarbeiter in seiner Arbeitszeit und Ausübung der Tätigkeit frei oder doch weisungsgebunden ist (Weiss 2017, S. 543). Wenn sie, wie in der Regel der Fall, einem eigenen Gewerbe nachgehen, besteht auch bei ihnen die Pflicht zur Beantragung einer Erlaubnis (Geser 2016, S. 16).

Bei der Ausübung freier Berufe (z. B. Rechtsanwälte, Notare, Wirtschaftsprüfer, Steuerberater) kann grundsätzlich nicht von einer gewerblichen Tätigkeit gesprochen werden (§ 6 GewO). Soweit mit den Statuten ihrer Berufe vereinbar, benötigen sie für gelegentliches, nicht gewerbsmäßiges Makeln keine Erlaubnis. Wird der Freiberufler jedoch gewerblich als Makler tätig, unterliegt selbstverständlich auch er der Erlaubnispflicht nach § 34c GewO (Weiss 2017, S. 544). Nicht die Berufsbezeichnung, sondern vielmehr die ausgeübten Tätigkeiten führen also zu einer Erlaubnispflicht (Will 2016, § 34c Rn. 3). Zu beachten gilt, dass die ausgeübten Maklertätigkeiten stets mit dem Berufsbild des Freiberuflers vereinbar sein müssen. Das Standesrecht der meisten Freiberufler steht der gewerbsmäßigen Maklertätigkeit entgegen.[23] Eine Ausnahme hierzu bildet der Architekt. Ihm ist die Ausübung von Maklertätigkeiten nicht verboten (Dehner 2001, Rn. 25). Es ist allerdings zu differenzieren, wann er für seine Maklertätigkeit einer ausdrücklichen Erlaubnis gemäß § 34c GewO bedarf. Im Allgemeinen ist hier zwischen den dem Berufsbild eines Architekten entsprechenden Leistungen und den darüber hinausgehenden zu unterscheiden. Letztere könnten dann einer Erlaubnispflicht unterliegen, wohingegen Leistungen, die für einen Architekten typisch sind, dieser nicht bedürfen (Marcks 2014, § 34c Rn. 47). Im Einzelnen bleibt dies stets zu prüfen.

Die Beantragung der Erlaubnis kann durch natürliche oder juristische Personen geschehen. Natürliche Personen sind alle Gewerbetreibenden, die in eigener Person oder in einer Personengesellschaft (z. B. GbR, OHG, KG) gewerblich tätig werden. Im Hinblick auf Personengesellschaften ist überdies für jeden zur Geschäftsführung berechtigten Gesellschafter eine eigene Erlaubnis zu beantragen; Gleiches gilt auch für Kommanditisten, die zur Geschäftsführung befugt sind (Geser 2016, S. 19).

Bei juristischen Personen, wie zum Beispiel einer GmbH oder einer AG, ist die Erlaubnis auch nur für diese gültig. Die juristische Person wird durch Geschäftsführer beziehungsweise durch den Vorstand vertreten. Werden diese

[23]So ist zum Beispiel für Rechtsanwälte und Steuerberater die nachhaltige Betätigung als Makler verboten bzw. gilt als unvereinbar mit dem originären Berufsbild. Vgl. dazu Weiss 2017, S. 543 f.

unter eigenem Namen und nicht unter dem der juristischen Person tätig, bedürfen sie einer gesonderten Erlaubnis (Geser 2016, S. 19).

Die erteilte Erlaubnis ist nicht übertragbar, sondern ausschließlich personenbezogen. Darüber hinaus ist für jede erlaubnispflichtige Tätigkeit eine eigene Erlaubnis zu beantragen. Die Erlaubnis ist zeitlich nicht limitiert, sondern wird auf Lebenszeit erteilt. Sie endet folglich erst mit dem Ableben des Erlaubnisberechtigten, mit einem ausdrücklichen Verzicht, mit der Aufgabe des Betriebs oder der Auflösung bzw. dem Erlöschen der juristischen Person (Will 2016, § 34c Rn. 80). Die unbefristete Erteilungsdauer ist grundsätzlich damit begründet, dass die gewerbsmäßige Ausübung einer Tätigkeit stets auch Kosten für dessen Einrichtung mit sich bringt und es dem tätig werdenden Wirtschaftssubjekt nicht zuzumuten sei, seine Erlaubnis zeitlich zu begrenzen (Marcks 2014, § 34c Rn. 71). Die Einrichtung und der Betrieb eines eigenen Maklerbüros sind jedoch keine Voraussetzung für die Erlaubnispflicht; es genügt bereits die Betätigung im stehenden Gewerbe, um einer Genehmigung zu bedürfen (Marcks 2014, § 34c Rn. 14).

Im Folgenden soll nun die Tätigkeit des Maklers, die überhaupt erst einer Erlaubnis bedarf, näher beleuchtet werden. Hierzu sind noch einmal die Vermittlung eines Vertrags und der Nachweis einer Gelegenheit zum Vertragsschluss ins Gedächtnis zu rufen. Ebendiese in den Gliederungspunkten zuvor analysierten Maklertätigkeiten sind es nämlich, die im Sinne des § 34c GewO erlaubnispflichtig sind.[24] Die hier im Zentrum der Analyse stehenden Verträge, die durch die Makler vermittelt oder deren Abschlussgelegenheit nachgewiesen werden, haben dabei Grundstücke, grundstücksgleiche Rechte, gewerbliche Räume und Wohnräume zum Vertragsgegenstand (§ 34c Abs. 1 Nr. 1 GewO).

Dass nicht jede Vermittlungstätigkeit zwangsläufig auch einer Erlaubnis bedarf, soll am Beispiel des Hausverwalters verdeutlicht werden. Ist dieser allenfalls sporadisch mit der Vermittlung von Wohnraum betraut, die ansonsten nicht zu seinem Hauptaufgabenfeld gehört, kann von einer Erlaubnispflicht unter Umständen abgesehen werden. Die Grenzen sind hier jedoch eng gesteckt. Ab bereits drei Vermietungen per annum kann ein gewerbsmäßiges Handeln unterstellt werden, das so auch zu einer entsprechenden Erlaubnispflicht führen würde (Will 2016, § 34c Rn. 7). An diesem Beispiel wird wie schon bei den Freiberuflern noch einmal ersichtlich, dass es dem Gesetzgeber nicht um die Berufsbezeichnung an sich, sondern vielmehr um die vollführte Tätigkeit geht, die eine Erlaubnispflicht begründet (Marcks 2014, § 34c Rn. 6).

[24]Zum „Nachweis“ und zur „Vermittlung“ siehe die Gliederungspunkte 2.2.3 und 2.2.4 dieses *essentials.*

2.3.2 Versagungsgründe der Gewerbeerlaubnis

Mit Blick auf die zuvor erörterten Grundzüge der Regelung des § 34c GewO sollen nun auch die möglichen Versagungsgründe einer Erlaubnis ins Zentrum gerückt werden. Festzuhalten ist dabei zunächst, dass auf die Erteilung einer Erlaubnis grundsätzlich ein Rechtsanspruch besteht (Geser 2016, S. 22). Bei *Unzuverlässigkeit* oder *ungeordneten Vermögensverhältnissen* des Antragstellers ist die Erlaubnis jedoch nach § 34c Abs. 2 GewO zu versagen oder sogar zurückzunehmen. Unzuverlässigkeit liegt in der Regel dann vor, wenn der Antragsteller, wie in § 34c Abs. 2 Nr. 1 GewO ausgeführt, in den letzten fünf Jahren vor Antragstellung „wegen eines Verbrechens oder wegen Diebstahls, Unterschlagung, Erpressung, Betruges, Untreue, Geldwäsche, Urkundenfälschung, Hehlerei, Wuchers oder einer Insolvenzstraftat rechtskräftig verurteilt worden ist" (§ 34c Abs. 2 Nr. 1 GewO). Sofern keine besonderen Umstände die Verlässlichkeit des Antragstellers trotz dessen rechtskräftiger Verurteilung begründen, ist eine Erlaubnis zu versagen.[25]

Neben der Versagung der Erlaubnis aufgrund einer rechtskräftigen Verurteilung sind auch noch andere Gründe denkbar, die auf Unzuverlässigkeit des Antragstellers schließen lassen. Im Ganzen ist also die Zuverlässigkeit der Person immer dann infrage zu stellen, wenn gravierende Gründe vorliegen, die an der ordnungsgemäßen Führung des Gewerbes zweifeln lassen. So können zum Beispiel wiederholte gewerbebezogene Ordnungswidrigkeiten, Steuerschulden oder die Verletzung sozialversicherungsrechtlicher Verpflichtungen hinreichend sein, eine Versagung aus Gründen der Unzuverlässigkeit zu begründen (Marcks 2014, § 34c Rn. 81 ff.).

Neben der Unzuverlässigkeit des Antragstellers können auch dessen ungeordnete Vermögensverhältnisse die Erteilung einer Erlaubnis verhindern. Nach § 34c Abs. 2 Nr. 2 GewO ist dies regelmäßig der Fall, „wenn über das Vermögen des Antragstellers das Insolvenzverfahren eröffnet worden oder er in das vom Vollstreckungsgericht zu führende Verzeichnis (§ 26 Abs. 2 Insolvenzordnung, § 882b Zivilprozeßordnung) eingetragen ist" (§ 34c Abs. 2 Nr. 2 GewO). Über die hier erwähnten, die ungeordneten Vermögensverhältnisse des Antragstellers begründenden Szenarien hinaus, können noch weitere Gründe hinreichend sein, ebendiese Unordnung der Verhältnisse anzunehmen. Es sind jedoch, ähnlich wie bei der Unzuverlässigkeit, auch besondere Umstände zulässig, die trotz Vorliegen der

[25]Zur Eingrenzung „besonderer Umstände" siehe Marcks 2014, § 34c Rn. 78.

genannten Versagungsgründe geordnete Vermögensverhältnisse vermuten lassen können (Marcks 2014, § 34c Rn. 87).

Das zentrale Problem der in § 34c GewO getroffenen Berufszulassungsregelung ist zweifellos in der unzureichenden Ausgestaltung der Versagungsgründe zu sehen. Die eben erörterten Versagungen der Erlaubnis aus Gründen der Unzuverlässigkeit oder der ungeordneten Vermögensverhältnisse vermögen allenfalls eine Grobselektion der Antragsteller vorzunehmen. Eine Prüfung der fachlichen Qualifikation der angehenden Makler bleibt hingegen aus, obwohl diese bereits im Zuge der Beratungen zur Änderung der Gewerbeordnung vom 16.08.1972 von den Maklerverbänden explizit gefordert wurde (Marcks 2014, § 34c Rn. 74).

In der Tat lässt sich der oftmals schlechte Ruf des Maklers nicht nur auf unseriöse Geschäftspraktiken Einzelner zurückführen, sondern ist vielfach der fehlenden Fachkenntnis der Berufsangehörigen geschuldet. Eben aus diesem Wissen heraus und zum Schutz der Verbraucher scheint die Forderung nach einem Sachkundenachweis in höchstem Maße gerechtfertigt und ihr bisheriges stetiges Scheitern wenig verständlich. In diesem Kontext bleibt fraglich, warum die im Zuge einer EU-Richtlinienumsetzung im Jahr 2006 verabschiedete Neuregelung der Versicherungsvermittlung von Art und Inhalt nicht auch bereits auf andere Maklerformen Anwendung fand. Die Einführung des seither durch Versicherungsmakler gemäß § 34d Abs. 2 Nr. 4 GewO zu erbringenden Sachkundenachweises geschah hauptsächlich zur Angleichung an die EU-weit geltenden Vorschriften der Versicherungsvermittlung; ein weiterer Aspekt war jedoch auch die Stärkung des Verbraucherschutzes durch Prüfung fachspezifischer Kenntnisse des Maklers (Ambs 2017, § 34d Rn. 1 f.). Warum hierbei die Kunden der Versicherungsmakler als schützenswerter betrachtet wurden als beispielsweise die der Immobilienmakler, bleibt ungeklärt.

Hoffnung auf Änderung gab ein Referentenentwurf des Bundesministeriums für Wirtschaft und Energie (BMWi) aus dem Jahr 2015, der unter anderem den in Rede stehenden, längst fälligen Sachkundenachweis als Erlaubnisvoraussetzung vorsah (Will 2016, § 34c Rn. 59a). Nach erfolgter vielversprechender Zustimmung des Bundeskabinetts zu dem Gesetzesentwurf der Berufszulassungsregelung im August 2016[26] wurde der verpflichtende Sachkundenachweis jedoch im Juni 2017 unseligerweise wieder gestrichen und durch die Festsetzung einer lediglich alle drei Jahre nachzuweisenden 20-stündigen „Fortbildungsverpflichtung“ ersetzt.[27]

[26]Dazu und zur Notwendigkeit eines Sachkundenachweises vgl. Schick 2017.

[27]Vgl. dazu Immobilienverband Deutschland IVD 2017.

Solange sich auch in Zukunft keine ernstzunehmende, die Sachkunde voraussetzende Berufszugangsregelung durchgesetzt hat, bleibt lediglich die Möglichkeit, fehlende Sachkenntnis als Tatbestand der „Unzuverlässigkeit" im Sinne des § 34c Abs. 2 Nr. 1 GewO zu verbuchen. Allerdings kann dies nur durch ein Fehlen der elementarsten Kenntnisse zur Gewerbeausübung gerechtfertigt werden (Marcks 2014, § 34c Rn. 74). Da elementare Kenntnisse nicht im Ansatz mit einer grundsätzlichen fachlichen Qualifikation des Maklers gleichzusetzen sind, läuft auch diese Möglichkeit in Wahrheit ins Leere und ist nicht geeignet, die Qualität der Berufsangehörigen zu gewährleisten oder gar zu verbessern.

Die Maklerverträge

3

Die wichtigsten im BGB geregelten und auf den Makler anwendbaren Vertragstypen sollen im Verlauf des dritten Kapitels vorgestellt und erörtert werden.[1] Es handelt sich hierbei maßgeblich um den *klassischen* Maklervertrag (§§ 652 ff. BGB) und den *Makleralleinauftrag* als Sonderform des *Maklerdienstvertrags.* Innerhalb der Analyse der verschiedenen Vertragsformen sollen stets auch die aus ihnen resultierenden Provisions- beziehungsweise Vergütungsansprüche des Maklers beleuchtet werden.

3.1 Der Maklervertrag und die Voraussetzungen des Provisionsanspruchs

Der Inhalt und Lohnanspruch des klassischen Maklervertrags, der als vertragliche Grundlage des *einfachen Maklerauftrags* zu verstehen ist, lässt sich maßgeblich aus der Definition des § 652 BGB ableiten (Moersch 2014, § 70 Rn. 9). So hat der Makler gegenüber seinem Auftraggeber grundsätzlich immer dann einen Anspruch auf Provisionszahlung, wenn der (Haupt-)Vertrag durch Vermittlung des Maklers oder durch den von ihm erbrachten Nachweis einer Gelegenheit dazu zustande gekommen ist.[2] Um Verwirrungen zu vermeiden, muss zunächst deutlich zwischen Maklervertrag und Hauptvertrag unterschieden werden.[3] Der

[1]Die Vertragsgestaltung des Immobilienmaklers steht hier im Vordergrund. Besonderheiten, wie zum Beispiel bei Darlehensvermittlungsverträgen, bleiben unberücksichtigt.

[2]Zur „Vermittlung“ und zum „Nachweis“ siehe die Abschn. 2.2.3 und 2.2.4 dieses *essentials.*

[3]Zur Unterscheidung der Verträge siehe exemplarisch Petri und Wieseler 1998, Rn. 185.

D. Gerbaulet, *Der Berufsstand des Maklers,* essentials,
DOI 10.1007/978-3-658-18929-7_3

Maklervertrag wird zwischen dem Makler und seinem Auftraggeber geschlossen. In diesem verpflichtet sich der Auftraggeber, dem Makler im Fall eines vom Makler herbeigeführten und erfolgreichen Zustandekommens des vorher definierten Hauptvertrags eine Provision zu zahlen. Am Hauptvertrag hingegen ist der Makler nicht direkt beteiligt. Er kann zwar dem Vertragsschluss beiwohnen, ist jedoch keine der vertragschließenden Parteien. Die am Vertragsschluss beteiligten Parteien sind pauschal nicht bestimmbar, sondern stets abhängig von der Art des Vertrags. Während es sich bei einem Kaufvertrag über eine Immobilie in der Regel um Eigentümer und Käufer handelt, sind die Vertragschließenden in einer Vermietungsangelegenheit zumeist Vermieter und Mieter. Art, Inhalt und Ausgestaltung des Makler- und Hauptvertrags werden im weiteren Verlauf eingehend erörtert. Zunächst sollen nun die Voraussetzungen des Provisionsanspruchs, die sich aus dem Maklervertrag ergeben, erörtert werden.

Im Wesentlichen lassen sich hierbei vier Voraussetzungen herausarbeiten, die kumulativ einen Provisionsanspruch des Maklers begründen (Wegener, Sailer und Raab 1997, Rn. 21). Die vier Vorbedingungen werden im weiteren Verlauf chronologisch vorgestellt und untersucht.

Nachdem zuerst ein Maklervertrag zustande gekommen sein muss, ist in zweiter Linie zu prüfen, ob der Makler die im Maklervertrag vereinbarte Leistung erbracht hat. Die dritte Voraussetzung ist der Abschluss eines wirksamen Hauptvertrags. Als vierte Vorbedingung ist die Ursächlichkeit der Maklertätigkeit für den Abschluss des Hauptvertrags zu überprüfen.

3.1.1 Schluss des Maklervertrags

Zunächst muss zwischen Makler und Auftraggeber ein Maklervertrag zustande gekommen sein. Dies kann im besten Fall schriftlich, aber auch mündlich und sogar stillschweigend geschehen (Mäschle und Mäschle 2017, S. 597; Petri und Wieseler 1998, Rn. 201).[4] Die sicherste Form des Vertragsschlusses ist zweifelsohne die Fixierung aller relevanten Informationen in einem schriftlichen Maklervertrag. Im Streitfall ist der Makler so am Besten gewappnet, seine Provision erstreiten zu können. Der Maklervertrag sollte die am Vertrag beteiligten Parteien

[4] Zu beachten ist nachfolgende Ausnahme: Seit des Mietrechtsnovellierungsgesetzes (1.6.2015) bedarf der Wohnungsvermittlungsvertrag nun gemäß § 2 Abs. 1 WoVermittG der Textform. Vgl. dazu Mäschle und Mäschle 2017, S. 597 u. 612.

(i. d. R. Makler und Auftraggeber), die vom Makler herbeizuführende Vertragsart (z. B. Kaufvertrag), die Objektart (z. B. Einfamilienhaus), die Art des Maklervertrags (z. B. Alleinauftrag), die provisionsbegründende Tätigkeit des Maklers (Vermittlung und/oder Nachweis), die Laufzeit und die Höhe der im Erfolgsfall anfallenden Provision enthalten.[5] Das konkrete Objekt ist nicht zwangsläufig in den Vertrag einzutragen, es genügt, wie erwähnt, die Objektart. In der Praxis kann nicht davon ausgegangen werden, dass der Makler stets von Beginn an ein geeignetes Objekt bereit hält; vielmehr wird er sich nach Einigung auf die Suche nach einem den Präferenzen des Kunden entsprechenden Objekt begeben. Um nicht für jedes einzelne Objekt vorweg einen Vertrag schließen zu müssen, reicht es aus, einmal die Objektart zu bestimmen. Das schließlich vermakelte Objekt muss selbstverständlich der vorher festgelegten Objektart entsprechen, um einen Provisionsanspruch zu begründen. Eine derartige Vertragsgestaltung wird als Rahmenmaklervertrag bezeichnet, fällt aber ansonsten unter die Bewertungs- und Analysegrundlagen des klassischen Maklervertrags (Petri und Wieseler 1998, Rn. 205).

Da der Maklervertrag in Gänze nicht an eine bestimmte Form gebunden, also *formfrei* ist, kann dieser auch mündlich geschlossen werden. Die zentralen Vertragsbausteine des schriftlichen Vertrags sollten auch bei mündlichen Vertragsabsprachen Erwähnung finden, um Klarheit zwischen den Vertragsparteien zu gewährleisten. Generell sind mündliche Verträge nicht zu empfehlen, da sie nur schwer zu beweisen sind. Ein Provisionsanspruch des Maklers kann so in aller Regel nur sehr schwer durchgesetzt werden (Moersch 2014, § 70 Rn. 19). Es erscheint daher grundsätzlich sinnvoll, den mündlichen Vertrag in Schriftform zu überführen und dem Kunden zur Unterzeichnung vorzulegen.

Neben der schriftlichen und mündlichen Schließung eines Maklervertrags kann diese auch stillschweigend erfolgen. Der § 653 BGB führt dazu aus, dass ein Maklerlohn als stillschweigend vereinbart gilt, wenn die dem Makler vom Interessenten übertragene Leistung (z. B. in Form eines Nachweises oder einer Vermittlungstätigkeit) den Umständen nach nur gegen eine Vergütung zu erwarten ist. Dies ist regelmäßig dann der Fall, wenn der Makler gewerbsmäßig auftritt, also davon auszugehen ist, dass er nicht unentgeltlich tätig wird (Dehner 2001, Rn. 28). Wendet sich ein Kunde an den Makler und bittet diesen ganz direkt um Erbringung typischer Maklertätigkeiten, wie beispielsweise um die Vermarktung seiner Immobilie, gilt ein stillschweigender Maklervertrag als geschlossen. Der Kunde kann in diesem Fall zweifellos nicht von einer kostenlosen Leistung des

[5] Aufzählung in Anlehnung an Wegener, Sailer und Raab 1997, Rn. 31.

Maklers ausgehen (Sailer 2010, S. 65 f.). Trotz allem sollte der Makler auch in diesem Fall auf seine Erfolgsprovision hinweisen und nach Möglichkeit einen schriftlichen Maklervertrag schließen, um seine Provision in sichere Gewässer zu überführen.

Während das eben genannte Beispiel im Grunde kaum Spielraum für die Annahme einer kostenlosen Tätigkeit des Maklers bietet, könnten andere Fallgestaltungen ein Provisionsverlangen des Maklers unter Umständen ungeklärt lassen. Besonders in Fällen, in denen die Initiative vom Makler ausgeht und er Angebote gleich welcher Art öffentlich macht, ist Vorsicht geboten.[6] Um den Anspruch auf Maklerlohn nicht zu verlieren, sind einige Voraussetzungen zu erfüllen, um etwaige Missverständnisse zu vermeiden und den Anspruch auf Provision nicht untergehen zu lassen. Grundvoraussetzung für einen Provisionsanspruch aus einem stillschweigend geschlossenen Vertrag ist dann der eindeutige und unmissverständliche Hinweis des Maklers auf sein gegenüber dem Kunden bestehendes Provisionsverlangen (Ibold 2015, Rn. 25 u. 27). Im Zweifelsfall muss geprüft werden, ob alle Erwartungen, die an einen stillschweigenden Abschluss gestellt werden, erfüllt wurden. Die Beweislast liegt hier stets beim Makler.

Eine stillschweigende Vertragsannahme erfolgt in aller Regel dann, wenn der Kunde die provisionspflichtigen Dienste des Maklers in Anspruch nimmt oder sie zumindest eine Zeit lang über sich ergehen lässt, ohne den Abschluss eines Maklervertrags ausdrücklich abzulehnen (Petri und Wieseler 1998, Rn. 207). Es muss also durch *schlüssiges Verhalten* deutlich werden, dass die Parteien dazu bereit sind, einen provisionspflichtigen Maklervertrag zu schließen. Der Kunde gibt seine Willenserklärung also gleichsam durch seine vorgenommenen Handlungen ab (Moersch 2014, § 70 Rn. 20 f.). Die für den Makler sicherste Vorgehensweise zur Offenlegung seines Provisionsbegehrens ist neben der direkten Unterrichtung des Interessenten jene, seine Angebote, wie z. B. Werbeanzeigen oder Exposés, deutlich sichtbar mit seiner geforderten Erfolgsprovision zu versehen und sein Tätigwerden an die Akzeptierung dieser Forderung zu binden. Die Werbeangebote des Maklers sind durch solch eine Maßnahme als eine sogenannte *invitatio ad offerendum,* also als eine Aufforderung des Maklers an den Interessenten zu verstehen, seinerseits ein Angebot abzugeben und einer Erfolgsprovision durch weitere Inanspruchnahme der Maklertätigkeiten zuzusagen (Dörner 2017, § 145 Rn. 4 f.; Sailer 2010, S. 65). Wurde die Provisionsforderung des Maklers an seinen Kunden deutlich und unmissverständlich herausgestellt, müssen nun noch

[6]Angebote in Form von Zeitungsanzeigen, Schaufensterwerbung, Exposés etc.

die typischen Maklerdienste vom Interessenten in Anspruch genommen werden. Bekundet der Interessent Interesse, erbittet er weitere Informationen oder fragt andere Nachweis- oder Vermittlungstätigkeiten nach, kann dies als ein Vertragsangebot des künftigen Kunden an den Makler betrachtet werden. Durch die anschließende Erbringung dieser nachgefragten Tätigkeiten, beispielsweise durch Übersendung eines Exposés oder durch Vereinbarung von Besichtigungsterminen, nimmt der Makler dieses Angebot an (Mäschle und Mäschle 2017, S. 598; Sailer 2010, S. 65).

Nach der erfolgten grundsätzlichen Analyse des Maklervertrags und seines Zustandekommens sind nun die weiteren Vorbedingungen zu prüfen, die einen aus ihm hervorgehenden Lohnanspruch des Maklers begründen.

3.1.2 Erbringung der vereinbarten Maklerleistung

Die zweite, aber ganz wesentliche Voraussetzung für das Entstehen eines Provisionsanspruchs des Maklers gegenüber seinem Auftraggeber ist die Erbringung der im Maklervertrag vereinbarten Leistung. Nachdem also ein Maklervertrag zustande gekommen ist, muss der Makler auch tatsächlich tätig geworden sein, um einen Lohnanspruch entstehen zu lassen. Zur Bestimmung der provisionsbegründenden Tätigkeiten des Maklers genügt ein Blick in den § 652 des BGB. Dieser führt aus, dass ein Lohnanspruch begründet ist, „wenn der Vertrag infolge des Nachweises oder infolge der Vermittlung des Mäklers zustande kommt" (§ 652 Abs. 1 BGB). Es handelt sich bei dem eben zitierten und hier gemeinten Vertrag freilich nicht um den Makler-, sondern um den Hauptvertrag. Die Erklärung der Vermittlung und des Nachweises wurde bereits in den Abschn. 2.2.3 und 2.2.4 dieses *essentials* vorgenommen, auf die an dieser Stelle bei etwaigen Unklarheiten noch einmal verwiesen wird.

Hat der Makler sich eine Provision aus Nachweis- und/oder Vermittlungstätigkeit versprechen lassen und ist er dieser vertraglich vereinbarten Tätigkeit auch tatsächlich nachgegangen, gilt die zweite Voraussetzung als erfüllt, und es ist in der Analyse weiter zu verfahren.

3.1.3 Schluss des wirksamen Hauptvertrags

Die dritte Vorbedingung für die Entstehung des Lohnanspruchs eines Maklers ist die Schließung eines wirksamen Hauptvertrags. Die vorher vom Makler ausgeübten Tätigkeiten sind nämlich nur im Erfolgsfall, das heißt bei Abschluss des

Hauptvertrags, provisionspflichtig (Sprau 2017, § 652 Rn. 28). Eine intensive Bemühung des Maklers und die Offerte von Vertragsmöglichkeiten begründen per se noch keinen Provisionsanspruch. Ebenso wie es dem Makler im klassischen Maklervertrag frei steht, überhaupt für seinen Auftraggeber tätig zu werden, ist es dem Auftraggeber überlassen, die gebotene Vertragsmöglichkeit des Maklers anzunehmen und den Hauptvertrag zu schließen. Der Auftraggeber ist wie der Makler frei in seiner Entscheidung und bedarf keinerlei Rechtfertigung für sein Handeln (Dyckerhoff und Brandt 2003, S. 17). Die Ablehnung der vom Makler präsentierten Vertragsvorschläge ist daher ohne weiteres zulässig (Sailer 2010, S. 77). Waren die Bemühungen des Maklers hingegen erfolgreich und sollen nun den Schluss des Hauptvertrags folgen lassen, sind seitens des Maklers einige Dinge zu beachten.

Die Gewährleistung der Rechtswirksamkeit des geschlossenen Hauptvertrags ist für den Makler von zentraler Bedeutung, um seine Provision auch tatsächlich zu verdienen. Die Erfüllung der vom Vertragsobjekt abhängigen Formalien hat daher oberste Priorität. Im Fall des Immobilienmaklers ist hier besonders auf die zwingende notarielle Beurkundung von Grundstücksverkäufen hinzuweisen, ohne die ein derartiger Vertrag unwirksam wäre (§ 311b Abs. 1 BGB).[7]

Wurde der Vertrag gemäß § 652 Abs. 1 BGB unter einer aufschiebenden Bedingung geschlossen, entsteht der Lohnanspruch außer bei Vorliegen einer ausdrücklich anderweitigen Vereinbarung auch erst mit Eintritt der Bedingung (Sprau 2017, § 652 Rn. 37). Wurde beispielsweise vereinbart, dass der Maklerlohn erst nach Eingang der Kaufpreiszahlung entrichtet wird, kann der Lohn auch erst nach Eintritt dieser Bedingung verlangt werden (Geser 2016, S. 81). Der Anspruch auf Provision könnte überdies auch durch Anfechtung des Hauptvertrags untergehen, da die Rechtwirksamkeit des Hauptvertrags dadurch nachträglich entfallen kann.[8]

Ist der Hauptvertrag zu guter Letzt rechtswirksam, ist die dritte Voraussetzung für einen Anspruch auf Maklerprovision erfüllt. Es bleibt nun noch festzustellen, ob die Vermittlungs- oder Nachweistätigkeit des Maklers für den Vertragsschluss tatsächlich ursächlich war.

---

[7] Vgl. dazu auch Kotzian-Marggraf 2017, § 652 Rn. 34.

[8] Anfechtung (auch des Maklervertrags) z. B. bei Irrtum, arglistiger Täuschung oder Drohung; vgl. dazu Ibold 2015, Rn. 63.

3.1.4 Ursächlichkeit der Maklerleistung

Die Prüfung der Ursächlichkeit kann durch Analyse der erbrachten Vermittlungs- oder Nachweisleistung erfolgen. Hat der Makler aufgrund seiner Vermittlungstätigkeit den Schluss des Hauptvertrags aktiv herbeigeführt oder hat er als Nachweismakler eine konkrete Gelegenheit dazu nachgewiesen und ist die vom Makler erbrachte Leistung als wesentlicher Anstoß zur Schließung des Hauptvertrags zu verstehen, kann der Tatbestand der Ursächlichkeit als erfüllt betrachtet werden. Wurde der Hauptvertrag also auf Grundlage der erbrachten Leistung des Maklers geschlossen, so war diese auch zweifelsfrei dafür ursächlich. In der Tat genügt sogar schon eine *Mitursächlichkeit* des Maklers, um zu verhindern, dass der Provisionsanspruch des Maklers durch Einschaltung eines Dritten leichtfertig umgangen werden kann.[9]

Ist die Maklerleistung für den Schluss des Hauptvertrags ursächlich, so ist auch die vierte und letzte Voraussetzung erfüllt und ein Anspruch auf Maklerprovision aus § 652 BGB entstanden. Der Maklerlohn gilt infolge als verdient.

3.2 Der Maklerdienstvertrag

Da es zwei nebeneinander existierende Interpretationen des Maklerdienstvertrags gibt, kann die Verwendung dieser Terminologie schnell in die Irre führen.[10] Eine geläufige Betrachtungsweise ordnet den Maklerdienstvertrag in seiner Form und Ausgestaltung dem bekannten Dienstvertrag zu. Aus diesem Verständnis heraus würde der Makler bereits für die Ausübung seiner Tätigkeit, die er zuvor vertraglich zugesagt hat, entlohnt. Die dem entgegenstehende Sichtweise betrachtet den Maklerdienstvertrag als eine Art Vertragshybrid aus klassischem Maklervertrag und Dienstvertrag. Dieses Sprachbild soll an dieser Stelle wissenschaftlich nicht zu ernst genommen werden, sondern lediglich die folgende Analyse stützen. So übernimmt der Maklerdienstvertrag die vom Dienstvertrag (§ 611 BGB) übliche Tätigkeitsverpflichtung des Maklers und knüpft diese an die aus dem § 652 BGB bekannte erfolgsabhängige Vergütungsstruktur. Der Makler verpflichtet sich also, für seinen Auftraggeber tätig zu werden, wird aber nur im Fall der Schließung eines von ihm herbeigeführten und wirksam gewordenen Hauptvertrags entlohnt.

[9]Zur Vertiefung vgl. Sailer 2010, S. 70.

[10]Vgl. dazu, auch nachfolgend, Arnold 2016, Vorbem. zu §§ 652 ff. Rn. 14.

Der Lohnanspruch des Maklers und die zu erfüllenden Vorbedingungen zu dessen Entstehung gleichen hierbei denen des zuvor erörterten einfachen Maklervertrags auf Grundlage des § 652 BGB. Um Verwirrungen zu vermeiden, soll im weiteren Verlauf dieses *essentials* der Maklerdienstvertrag entsprechend der zweiten Betrachtungsweise verstanden werden und sich deutlich von der erfolgsunabhängigen Vergütung eines Dienstvertrags unterscheiden.

3.3 Der Makleralleinauftrag

Der Makleralleinauftrag kann als besondere Ausprägung des Maklerdienstvertrags verstanden werden; er ist die in der Praxis wohl am häufigsten verwendete Vertragsgestaltung (Moersch 2014, § 70 Rn. 11 f.). Er lässt sich in einen *einfachen* und in einen *qualifizierten* Alleinauftrag untergliedern.

Die grundsätzliche Besonderheit des Makleralleinauftrags als spezielle Ausgestaltungsform des Maklerdienstvertrags besteht in dem Verbot des Auftraggebers, weitere Makler einzuschalten. Diese Einschränkung wird im Laufe der Unterscheidung zwischen einfachem und qualifiziertem Alleinauftrag noch weiter herausgearbeitet.

Der Vertragsschluss des Alleinauftrags kann wie der des einfachen Maklervertrags schriftlich, mündlich oder stillschweigend erfolgen; es gilt allerdings die Zustimmung der Vertragsparteien zu dem spezifischen Charakter des Alleinauftrags und der daraus erwachsenden Pflichten deutlich herauszustellen (Roth 2016, § 93 Rn. 60).

3.3.1 Einfacher Alleinauftrag

Das wesentliche Merkmal des einfachen Alleinauftrags ist neben der Tätigkeitsverpflichtung des Maklers und dessen erfolgsabhängiger Vergütung die Verpflichtung des Auftraggebers, keine weiteren Makler zu beschäftigen (Scheuch und Ebert 2017, § 652 Rn. 3). Neben den genannten üblichen Möglichkeiten zum Vertragsschluss kann der einfache Makleralleinauftrag auch durch eine entsprechende Formulierung der AGB *(Alleinauftragsklausel)* geschlossen werden (Roth 2017, § 652 Rn. 228).

Vom einfachen Alleinauftrag unberührt bleibt die Möglichkeit des Auftraggebers, selbstständig tätig zu werden und einen Schluss des Hauptvertrags herbeizuführen. Kommt der Hauptvertrag also ohne Zutun des Maklers zustande, so hat dieser auch keinerlei Anspruch auf eine Provision (Ibold 2015, Rn. 149).

Neben der Tatsache, dass der Makler sich dazu verpflichtet, alles in seiner Macht Stehende zu tun, einen für den Auftraggeber vorteilhaften Schluss des Hauptvertrags zu erreichen, bringt die Tätigkeitspflicht des Maklers im Rahmen des Alleinauftrags auch ein Mehr an Beratungs-, Erkundigungs- und Auskunftspflichten mit sich. Durch Ausschaltung des Wettbewerbs ist es nun an dem Makler, seinem Auftraggeber durch stetiges Nachforschen den für ihn lukrativsten Vertragsschluss herbeizuführen. Darüber hinaus ist er dazu verpflichtet, seinen Auftraggeber sehr eingehend zu beraten und insbesondere auf möglicherweise vorhandene utopische Preisvorstellungen aufmerksam zu machen. Unterlässt der Makler diese Aufklärungsarbeit und verzögert sich der Vertragsschluss aus genannten Gründen, kann dies sogar zu einer Schadensersatzpflicht des Maklers führen (Arnold 2016, § 653 Rn. 247).

Binden sich Makler und Auftraggeber durch den geschlossenen Vertrag für einen langen Zeitraum, erwächst aus der langen Laufzeit eine Art besondere Vertrauensstellung des Maklers; er wird für seinen Auftraggeber gleichsam zum *Vertrauensmakler*.[11] Infolge dieser besonderen Stellung und zur Vermeidung jedweder Interessenkollision ist es dem Makler streng untersagt, auch für die andere Vertragsseite eine Vermittlungstätigkeit zu entfalten. Die Interessen seines Auftraggebers gelten in diesem Fall als besonders schützenswert.

Mit Blick auf die vertragstypischen Pflichten und Besonderheiten des Auftraggebers im Alleinauftrag kann als größte Einschränkung sicherlich das Verbot der Beschäftigung weiterer Makler ins Feld geführt werden. Wird das Verbot vom Auftraggeber ignoriert und entsteht ein Schaden für den Makler, ist der Auftraggeber gemäß § 280 BGB verpflichtet, ihm den entstandenen Schaden zu ersetzen (Sprau 2017, § 652 Rn. 81).

Es liegen jedoch auch noch andere Besonderheiten vor, die der Auftraggeber zu beachten hat. Im Gegensatz zum einfachen Maklerauftrag ist es dem Auftraggeber im Alleinauftrag zum Beispiel nicht gestattet, den Vertrag während seiner Laufzeit ohne weiteres zu widerrufen; er ist vielmehr dazu verpflichtet, dem Makler die vertraglich vereinbarte Zeit auch tatsächlich zu gewähren (Roth 2017, § 652 Rn. 233). Wurde kein bestimmter Zeitrahmen festgelegt, gilt es, dem Makler eine *angemessene Frist* einzuräumen, die sich aus der Betrachtung der jeweiligen Sachlage ergibt: Die Vertragslaufzeit kann so von Fall zu Fall unterschiedlich lang ausfallen und nicht pauschal bestimmt werden (Mansel 2015, § 652 Rn. 37).

[11]In der Literatur wird häufig eine Zeitdauer von 15 Monaten angegeben, die eine besondere Vertrauensstellung des Maklers zur Folge hat; vgl. dazu auch Roth 2017, § 652 Rn. 229.

Vom grundsätzlichen Widerrufsverbot des Auftraggebers unberührt bleibt die Möglichkeit der Kündigung aus wichtigem Grund. Gemäß § 314 BGB kann das Dauerschuldverhältnis jederzeit *aus wichtigem Grund* gekündigt werden, wenn dem Kündigenden eine Weiterführung des Vertrags nicht zuzumuten ist. Im Hinblick auf den Alleinauftrag wäre ein wichtiger Kündigungsgrund zum Beispiel in der Untätigkeit des Maklers zu sehen (Sprau 2017, § 652 Rn. 76). Käme der Makler also seiner Arbeit nicht nach, zu deren Ausführung er sich verpflichtet hat, so bliebe dem Auftraggeber das Recht vorbehalten, den Vertrag aus wichtigem Grund fristlos zu kündigen.

3.3.2 Qualifizierter Alleinauftrag

Der qualifizierte Alleinauftrag, der auch als erweiterter Alleinauftrag bezeichnet wird, entspricht im Wesentlichen dem zuvor erörterten einfachen Alleinauftrag. Im Grunde wird dieser lediglich um eine weitere Einschränkung des Auftraggebers erweitert. Während es dem Auftraggeber im einfachen Alleinauftrag noch erlaubt war, selbstständig tätig zu werden und ohne Zutun des Maklers den Schluss des Hauptvertrags herbeizuführen, verpflichtet sich der Auftraggeber im qualifizierten Alleinauftrag dazu, dem Makler jeden Interessenten sofort zu überstellen (Moersch 2014, § 70 Rn. 13). Der Makler ist in dieser Vertragsgestaltung also in jedem Fall am Schluss des Hauptvertrags in irgendeiner Weise beteiligt. Es handelt sich hierbei zweifellos um die für den Makler erstrebenswerteste Vertragskonstellation, da sich die Provisionszahlung an den Makler nahezu unmöglich umgehen lässt. Aufgrund dieser doch massiven Einschränkung des Auftraggebers kann der qualifizierte Alleinauftrag nicht wie der einfache Alleinauftrag durch AGB geschlossen werden, sondern bedarf stets einer Individualabsprache. Davon unberührt bleibt die Tatsache, dass der qualifizierte Alleinauftrag wie schon der einfache Alleinauftrag auch formfrei geschlossen werden kann (Kotzian-Marggraf 2017, § 652 Rn. 8).

4 Schluss

Zum Ende dieses *essentials* hat sich ein grundlegender Überblick über das Maklerwesen ergeben. Die Geschichte des Maklerberufs, seine verschiedenen Ausprägungen und die berufsspezifischen Vorbedingungen sollen sich dabei ebenso im Gedächtnis des Lesers verankert haben wie die unterschiedlichen Möglichkeiten zur Vertragsgestaltung zwischen Makler und Auftraggeber. Überdies sind die Voraussetzungen eines Provisionsanspruchs herausgearbeitet worden, um diese im Rahmen der praktischen Berufsausübung stets berücksichtigen zu können. Die wichtige Funktion eines Maklers als Bindeglied zwischen Angebot und Nachfrage sowie die lange Tradition seines Berufsstands sind dem Leser bewusst vor Augen geführt worden, um bei Betätigung innerhalb dieses Berufsfeldes stets die nötige Sorgfalt walten zu lassen und dabei dem Leitbild eines ehrbaren Kaufmanns bestmöglich gerecht zu werden (Gerbaulet 2016, S. 50 ff.); allen anderen interessierten Lesern sei mit diesem *essential* die Basis für ein grundlegendes Verständnis und eine gebührliche Akzeptanz des hier thematisierten Berufs an die Hand gegeben.

D. Gerbaulet, *Der Berufsstand des Maklers,* essentials,
DOI 10.1007/978-3-658-18929-7_4

Literatur

Ambs, F. (2017). § 34d (GewO). In P. Häberle (Hrsg.), *Erbs/Kohlhaas: Strafrechtliche Nebengesetze* (212. Ergänzungslieferung). München: Beck.

Arnold, A. (2016). Vorbem. zu §§ 652 ff., 653 (BGB). In A. Bergmann, A. Arnold, & C. Herresthal (Bearb.), *Staudinger: Bürgerliches Gesetzbuch Kommentar* (Buch 2: Recht der Schuldverhältnisse §§ 652–661a, Neubearbeitung 2016). Berlin: Sellier/de Gruyter.

Axmann, M. (2004). *Maklerrecht und Maklerwesen bis 1900*. Stuttgart u. a.: Boorberg.

Dehner, W. (2001). *Das Maklerrecht – Leitfaden für die Praxis*. Heidelberg: Recht & Wirtschaft.

Dörner, H. (2017). § 145 (BGB). In R. Schulze u. a. (Bearb.), *Bürgerliches Gesetzbuch Handkommentar* (9. Aufl.). Baden-Baden: Nomos.

Dyckerhoff, R., & Brandt, J. G. (2003). *Das Recht des Immobilienmaklers* (11. Aufl.). München: Vahlen.

Entwurf eines Handelsgesetzbuchs für die Preussischen Staaten: Nebst Motiven, 2. Teil: Motive, Berlin 1857.

Fehrenbacher, O. (2016). § 652 (BGB). In H. Prütting, G. Wegen, & G. Weinreich (Hrsg.), *Bürgerliches Gesetzbuch Kommentar* (11. Aufl.). Köln: Luchterhand.

Fröber, H. P. (1997). *Die Entstehung der Bestimmungen des BGB über den Maklervertrag (§§ 652–654 BGB) und die Rechtsprechung des Reichsgerichts zum neuen Maklerrecht*. Frankfurt a. M. u. a.: Lang.

Gerbaulet, D. (2016). *Der Unternehmer als Reputator*. Tübingen: Mohr Siebeck.

Geser, R. (2016). *RechtsABC für Immobilienmakler* (10. Aufl.). Stuttgart u. a.: Boorberg.

Grünfeld, P. (1904). *Der Mäkler im Römischen Recht und im Bürgerlichen Gesetzbuch*. Berlin: Nollenberg & Schob.

Hamm, C. (2016). § 24 (Maklerrecht). In B. Heussen, & C. Hamm (Hrsg.), *Beck'sches Rechtsanwalts-Handbuch* (11. Aufl.). München: Beck.

Hamm, C., & Schwerdtner, P. (2016). *Maklerrecht* (7. Aufl.). München: Beck.

Heymann, E. (1926). Der Handelsmakler. In V. Ehrenberg (Hrsg.), *Handbuch des gesamten Handelsrechts* (Bd. 5, 1. Abteilung, 1. Hälfte, 1. Lieferung, S. 321–476). Leipzig: Reisland.

v. Hoyningen-Huene, G. (2016). §§ 84, 93, 94, 96 (HGB). In K. Schmidt (Hrsg.), *Münchener Kommentar zum Handelsgesetzbuch* (Bd. 1, 4. Aufl.). München: Beck.

Ibold, H. C. (2015). *Maklerrecht* (3. Aufl.). Berlin: Schmidt.

D. Gerbaulet, *Der Berufsstand des Maklers*, essentials,
DOI 10.1007/978-3-658-18929-7

Immobilienverband Deutschland IVD (2017). Bundestag verabschiedet Berufszulassungsregelung für Immobilienverwalter und Fortbildungsverpflichtung für Immobilienmakler und -verwalter. http://ivd.net/bundestag-verabschiedet-berufszulassungsregelung-fuer-immobilienverwalter-und-fortbildungsverpflichtung-fuer-immobilienmakler-und-verwalter/. Zugegriffen: 23. Juni 2017.

Kotzian-Marggraf, K. (2017). §§ 652, 654 (BGB). In H. G. Bamberger, & H. Roth (Hrsg.), *Beck'scher Online-Kommentar BGB* (42. Ed.). München: Beck.

Laband, P. (1861). Die Lehre von den Mäklern, mit besonderer Berücksichtigung des Entwurfs zum deutschen Handelsgesetzbuche. Zeitschrift für deutsches Recht und deutsche Rechtswissenschaft, Bd. 20, 1–65.

Leisau, U. (1967). *Die Rechtsbeziehungen zwischen Auftraggeber und Makler im Maklervertrag*. München: Bauknecht.

Löden, D. (1966). *Atypische Maklerverträge im Grundstücksverkehr*. Hamburg: Dissertationsdruck.

Mansel, H.-P. (2015). § 652 (BGB). In R. Stürner (Hrsg.), *Jauernig: Bürgerliches Gesetzbuch Kommentar* (16. Aufl.). München: Beck.

Marcks, P. (2014). *Makler- und Bauträgerverordnung Kommentar* (9. Aufl.). München: Beck.

Mäschle, W., & Mäschle, E. (2017). Sicherung des Provisionsanspruchs. In E. Sailer, S. Kippes, & H. Rehkugler (Hrsg.), *Handbuch für Immobilienmakler und Immobilienberater* (3. Aufl., S. 597–628). München: Beck.

Moersch, K.-F. (2014). § 70 (Maklerrechtliche Probleme). In T. Hannemann, & M. Wiegner (Hrsg.), *Münchener Anwaltshandbuch Mietrecht* (4. Aufl.). München: Beck.

Mutschler, W. (2010). *Einführung in das Recht des Immobilienmaklers*. Hamburg: Hammonia.

Petri, I., & Wieseler, M. (1998). *Handbuch des Maklerrechts*. Baden-Baden: Nomos.

Reiner, G. (2014). § 93 (HGB). In D. Joost, & L. Strohn (Hrsg.), *Ebenroth/Boujong/Joost/Strohn: Handelsgesetzbuch Kommentar* (Bd. 1, 3. Aufl.). München: Beck/Vahlen.

Roth, H. (2017). §§ 652, 654 (BGB). In F. J. Säcker, R. Rixecker, H. Oetker, & B. Limperg (Hrsg.), *Münchener Kommentar zum Bürgerlichen Gesetzbuch* (Bd. 5/2, 7. Aufl.). München: Beck.

Roth, M. (2016). §§ 93, 96 (HGB). In K. J. Hopt, C. Kumpan, H. Merkt, & M. Roth (Bearb.), *Baumbach/Hopt: Handelsgesetzbuch Kommentar* (37. Aufl.). München: Beck.

Roth, W.-H. (2015). § 93 (HGB). In I. Koller, P. Kindler, W.-H. Roth, & W. Morck (Hrsg.), *Handelsgesetzbuch Kommentar* (8. Aufl.). München: Beck.

Sailer, E. (2010). *Der Immobilienmakler* (3. Aufl.). Stuttgart u. a.: Boorberg.

Scheuch, A., & Ebert, I. (2017). §§ 652, 654 (BGB). In R. Schulze u. a. (Bearb.), *Bürgerliches Gesetzbuch Handkommentar* (9. Aufl.). Baden-Baden: Nomos.

Schick, J. M. (2017). Der Maklerberuf braucht endlich feste Berufsstandards – doch die Politik trödelt. http://www.focus.de/immobilien/experten/sachkundenachweis-fuer-makler-der-maklerberuf-braucht-endlich-feste-berufsstandards-doch-die-politik-troedelt_id_7048817.html. Zugegriffen: 8. Mai 2017.

Sprau, H. (2017). § 652 (BGB). In G. Brudermüller u. a. (Bearb.), *Palandt: Bürgerliches Gesetzbuch Kommentar* (76. Aufl.). München: Beck.

Voß, R. (1966). *Grundlagen des Mäklervertrages*. Köln: Dissertationsdruck.

Wegener, U., Sailer, E., & Raab, S. W. (1997). *Der Makler und sein Auftraggeber* (5. Aufl.). Stuttgart u. a.: Boorberg.

Weiss, R. (2017). Öffentlich-rechtliche Grundlagen des Maklerbetriebes. In E. Sailer, S. Kippes, & H. Rehkugler (Hrsg.), *Handbuch für Immobilienmakler und Immobilienberater* (3. Aufl., S. 539–596). München: Beck.

Will, M. (2016). § 34c (GewO). In J.-C. Pielow (Hrsg.), *Gewerbeordnung Kommentar* (2. Aufl.). München: Beck.